# 高校教育管理的创新性发展研究

李 影 ◎ 著

吉林人民出版社

图书在版编目(CIP)数据

高校教育管理的创新性发展研究/李影著. --长春：吉林人民出版社,2025.5.--ISBN 978-7-206-22009-8

Ⅰ.G640

中国国家版本馆 CIP 数据核字第 2025RP4412 号

## 高校教育管理的创新性发展研究

GAOXIAO JIAOYU GUANLI DE CHUANGXINXING FAZHAN YANJIU

著　　者：李　影
责任编辑：金　鑫
封面设计：豫燕川
出版发行：吉林人民出版社(长春市人民大街7548号　邮政编码:130022)
印　　刷：吉林省海德堡印务有限公司
开　　本：787mm×1092mm　1/16
印　　张：8.25　　　　　　　字　　数：115 千字
标准书号：ISBN 978-7-206-22009-8
版　　次：2025 年 5 月第 1 版　　印　　次：2025 年 5 月第 1 次印刷
定　　价：68.00 元

如发现印装质量问题,影响阅读,请与出版社联系调换。

# 前 言

高校作为知识创新、人才培养和社会服务的重要阵地,其教育管理水平直接关系到高校的办学质量和社会声誉,进而影响着国家的科技进步与文化繁荣。然而,随着时代的发展,传统的教育管理理念和模式逐渐暴露出诸多不适应之处。从管理理念来看,一些高校依然秉持着较为保守的观念,过于强调行政指令和规范化管理,忽视了教育的本质是促进人的全面发展。这种理念下,创新思维和个性化发展受到一定程度的制约,难以激发师生的创造力和积极性。因此,深入开展高校教育管理的创新性发展研究具有极为重要的理论与实践意义。

本书以高校教育管理的创新性发展为核心主题,首先,对高校教育管理的理论基础进行了系统阐述,包括其内涵、本质、特点及遵循的原则。其次,深入探讨了高校教育管理创新性发展的理论基础,明确了创新性发展的概念、本质、必要性以及独特的思维特征。在策略层面,从坚持创新理念、把握职能定位、保障运行机制三个方面,提出了高校教育管理创新性发展的具体策略。此外,本书还从高校教学课程管理创新、高校学生管理创新、高校教师管理创新三个重要维度,对高校教育管理创新性发展的实践路径进行了详细论述。最后,结合数智化背景,对高校教育管理的创新路向进行了深入思考,探讨了基于信息化、新媒体环境的高校教育管理创新以及高校智慧教育生态体系构建等前沿问题,旨在探索高校教育管理创新性发展的有效策略,提升高校教育管理的质量与效率,丰富高校教育管理的理论体系,以更好地适应社会发展的需求,培养更多高素质人才。

书中内容难免有疏漏之处,恳请广大读者多提宝贵意见,以便本书修改和完善。

# 目 录

**第一章 高校教育管理的理论** …………………………………… 1
    第一节 高校教育管理的内涵和本质 …………………………… 1
    第二节 高校教育管理的特点 …………………………………… 6
    第三节 高校教育管理的原则 …………………………………… 10

**第二章 高校教育管理创新性发展的理论基础** ………………… 20
    第一节 创新性发展的概念和本质 ……………………………… 20
    第二节 高校教育管理创新性发展的必要性 …………………… 23
    第三节 高校教育管理创新性发展的思维特征 ………………… 34

**第三章 高校教育管理创新性发展的策略** ……………………… 42
    第一节 坚持创新理念 …………………………………………… 42
    第二节 把握职能定位 …………………………………………… 47
    第三节 保障运行机制 …………………………………………… 51

**第四章 高校教育管理创新性发展的实践** ……………………… 59
    第一节 高校教学课程管理创新 ………………………………… 59
    第二节 高校学生管理的发展与创新 …………………………… 69
    第三节 高校教师管理的创新探索 ……………………………… 85

第五章 数智化背景下高校教育管理的创新路向 …………… 91
 第一节 基于大数据时代信息化的高校教育管理创新 ……… 91
 第二节 基于新媒体环境的高校教育管理创新 …………… 100
 第三节 高校智慧教育生态体系构建 ……………………… 109

**参考文献** ………………………………………………………… 119

# 第一章 高校教育管理的理论

## 第一节 高校教育管理的内涵和本质

### 一、高校教育管理的内涵

高校教育管理作为高校教育的重要组成部分,在实践中体现出多个方面的内涵。首先,高校教育管理涵盖了对学校各个层面的规划、组织、协调和监督等工作。这包括对师资队伍、学生、课程以及教学环境的管理等。其次,高校教育管理还包括对学校教育目标的制定和实施。学校教育的目标是培养学生的综合素质和能力,这就要求教育管理者对教学内容、教学方法及评价体系等进行合理的安排和落实。此外,高校教育管理还涉及学校资源的合理配置和利用。高校拥有丰富的人力、物力和财力资源,如何科学配置和有效利用这些资源,对高校教育管理来说是至关重要的。

在高校教育管理的内涵中,还体现出对高等教育发展方向和趋势的关注。高校教育管理需要紧密结合当下的社会需求和未来的发展趋势,对教育内容、教学方法、教育评价和学生发展路径等进行科学的研究和规划。同时,高校教育管理还应该与国家的相关政策和法律法规相结合,确保高等教育的合规运行和发展。高校教育管理的内涵还包括对学校组织文化的塑造和传承。学校组织文化对塑造学校的核心价值观、培养学生的品德修养，以及促进教职员工的发展至关重要。高校教育管理需要通过相关策略和措施，在学校营造出积极向上的文化氛围。

综上所述，高校教育管理的内涵是多层次、多维度的，它包括对学校各方面的管理和规划，对教育目标的制定和实施，对资源的合理配置和利用，以及对教育发展趋势和学校文化的关注。高校教育管理需要在学术研究、政策制定和组织实施等方面进行持续的探索和创新，以适应不断变化的高等教育环境和社会需求。只有加强教育管理的研究和实践，才能不断提升高等教育质量，推动学校和学生的全面发展。

## 二、高校教育管理的本质

高校教育管理是指对高校内部的教学活动进行组织、协调、控制和评价的一系列活动，旨在确保教育质量、促进教学改革和提高教育效率。高校教育管理的本质可以从多个角度来探索和理解。

（一）协调和发展

高校教育是一个复杂的系统，涉及教学、科研、人才培养、资源配置等多个方面。高校教育管理就是通过协调各个部门和职能之间的关系，使教育工作能够有序进行，协调各方力量，实现高校整体的发展目标。

（二）规划和决策

高校教育管理需要根据高校的发展方向和目标制定相应的规划和决策，并推进决策的执行与实施。在规划和决策的过程中，教育管理者需要考虑到多种因素,包括教育政策、社会需求、教育资源等,以找到高校教育的最优解。

(三)监督和评估

教育管理者需要对教育工作进行监督和评估,以确保教育工作达到预期的质量和效果。监督和评估可以通过定期的评估机制、学生评教、教学观摩等方式进行,从而推动教育工作的不断改进和提升。

(四)创新和变革

随着时代的变化和社会的发展,高校教育管理也需要不断创新和变革,以适应新的需求和挑战。教育管理者需要具备创新思维和变革意识,积极探索新的管理模式和方法,推动高校教育管理迈向现代化。

综上所述,高校教育管理的本质包括协调和发展、规划和决策、监督和评估、创新和变革。通过深入理解教育管理的本质,教育管理者能够更好地把握教育管理的核心要义,进而实现高校教育发展的目标和使命。

## 三、内涵与本质的关联

在高校教育管理领域,内涵和本质密切相关并相互影响。教育管理的内涵是指其所涉及的内容和要素,包括管理理念、管理方法、管理制度等。教育管理的本质则是指其根本属性和特征,是衡量教育管理有效性的关键。

第一,内涵和本质的关联在于内涵是本质的具体表现。教育管理的本质是实现教育目标的有效组织和管理,而内涵则是具体的管理实践和手段。例如,高校教育管理的本质是促进教育质量的提高和学生的全面发展,而内涵则包括制定学生考核制度、开展师资培训等具体的管理措施。因此,只有理解和运用内涵,才能更好地实现教育管理的本质目标。

第二,内涵和本质的关联在于内涵对本质的塑造和发展。教育管理的内涵是不断演化和发展的,它受教育环境和需求的影响。教育管理的本质也随着内涵的拓展而不断完善和深化。例如,在社会经济迅速发展的背景下,高校教育管理的内涵需要更加关注就业导向和创新能力培养,而教育管理的本质也随之从以往的侧重知识传授转变为侧重培养学生的实践能力和创新精神。

第三,内涵和本质的关联还在于内涵是实现本质的途径和手段。教育管理的本质目标需要通过恰当的内涵来实现。例如,在高校教育管理中,提高教师的教学质量是本质目标之一,而内涵则是通过教师培训、教学评估等手段来实现。只有通过正确的内涵规划和实施,才能更好地实现教育管理的本质目标。

综上所述,高校教育管理的内涵与本质密切关联,相互影响。内涵是本质的具体表现,内涵的发展和拓展能塑造和完善本质目标。同时,内涵作为实现本质目标的途径和手段,对于教育管理的有效性至关重要。因此,在高校教育管理的实践中,需要注重内涵和本质的关联,合理选择内涵并不断完善,以实现高校教育管理的目标与使命。

## 四、内涵与本质在高校的体现

在高校教育管理中,内涵与本质是密不可分的。内涵是指教育管理的内在含义和特点,本质是指教育管理的核心属性和本质属性。在高校教育管理中,内涵与本质的关联体现在以下四个方面。

首先,内涵与本质在高校教育管理中的体现是为实现教育目标而服务的。高校教育管理的目标是培养人才，提供优质的教育资源，为学生的全面发展创造有利条件。因此，内涵与本质就是为了达到这一目标而制定的管理原则和方法。在高校教育管理中，内涵与本质的关联体现在制定教育管理政策和规划方案时，以及在教育教学过程中的组织和实施环节。

其次，内涵与本质在高校教育管理中的体现是为提升教育质量而服务的。高校教育的质量是评价一个高校绩效的重要标准，而教育管理在提升教育质量中起到关键作用。内涵与本质是为了提升高校教育质量而存在的，其内容包括教学设计与实施、教师管理与发展、学生管理与服务等方面。内涵与本质的关联体现在高校教育管理的各个环节，如在制定课程方案时要考虑到教育教学目标的实现，在教师培训与评估时要注重教学质量的提高等。

再次，内涵与本质在高校教育管理中的体现是为保障组织结构和运行效率而服务的。高校作为复杂的组织机构，需要合理的组织架构和高效的运作机制。内涵与本质体现在高校教育管理的组织架构和管理体系的建设，以及流程优化和管理创新的实施过程中。内涵与本质的关联体现在职能部门间的协调与合作，以及各层次管理者在管理实践中的能力与素养的提升上。

最后，内涵与本质在高校教育管理中的体现还彰显了高校特有的特点和特色。高校作为培养人才的机构，其管理必须考虑到高校的学科特点、人才培养模式及教育资源的配置等方面。内涵与本质的关联体现在根据高校实际情况设计相应的管理策略和方法，灵活应对高校教育管理中的具体问题和挑战。

综上所述，内涵与本质在高校教育管理中的体现是多维度、多层次的,涉及教育目标的实现、教育质量的提升、组织结构与运行效率的保障以及高校的特点和特色。高校教育管理者应充分认识内涵与本质的关联,并针对实际情况制定合理的管理策略,以推动高校教育管理的不断发展和提高。

## 第二节 高校教育管理的特点

事物之间的区别在于各具一定的特点。只有了解了高校教育管理的特点,才能遵循它的本质规律,有针对性地解决管理活动中的各种矛盾,顺利地进行各种管理活动。

### 一、高校教育管理目标的特殊性

高校教育目标的特殊性决定了高校教育管理目标的特殊性。高校教育的主要目标是根据高校教育的功能确定的,因此对管理的功能与目标相应地提出了要求。高校教育管理旨在通过科学的规划及有效的组织、协调和控制,以满足社会的发展需求和提升社会的生产力,从而实现教育的多样化、精细化、有效化和可持续化。此外,还需要确保所有参与者都能够遵循高校的教学原则,以达到预期的教学效果。高校教育的宗旨在于满足社会的需要,因此在实施高校教育的过程中,必须遵循其内在的规律,而不能仅仅模仿企业的经营模式。从这个意义上说,高校教育的微观管理是以更好地培养人才并且以提高人才的质量为根本目标的管理活动,它无法以经济效益为目标。

与行政管理、企业管理等其他管理不同的是,如何将社会效益和经济效益有机结合并纳入高校教育管理的目标体系,处理好社会效益与经济效益的关系,是高校教育管理工作者值得研究的问题,这也充分反映了高校教育管理目标的特殊性。

高校教育管理的两个主要目标为:一是将学校内部的各种关系和资源有效地整合起来,形成一个完整的系统;二是围绕整体目标,充分发挥各要素的主动性和积极性,以实现高校教育的最终目标,这也是"维系"和"放大"功能的体现。

## 二、高校教育管理资源的特殊性

高校教育管理资源的特殊性具体表现在以下三个方面。

第一,高校是由一部分高级知识分子组成的特殊群体,组织及其成员的特殊性就构成了高校教育管理资源的特殊性。教师作为组成高校教育系统的主体要素之一,是掌握和创造专门知识的群体。因此,对他们的管理要符合这一群体的特征。另外,高校教育系统的另一主体是学生,他们是一群 18 岁左右、受过完整中学教育的青年,对他们的管理要符合此阶段身心发展的特殊性。高校教育系统组成人员的特殊性使高校教育管理存在一种特殊的管理现象——高度强调和重视自我管理。自我管理是任何管理中都存在的一种现象,但是,在高校教育管理中,自我管理尤为重要,它是一种促进身心发展的自我管理。管理对象需要培养自我组织、自我发展的能力,他们的心理特征也表明,在教育过程中,让其发挥自我管理的能力,可以更好地促进其发展。所以,管理对象的特点是高校教育管理最重要的特点。

第二,教育经费的管理是一项复杂的工作,因为它的用途是复杂的,有时候不能用绝对的量化管理来处理,有时候投入不能在短期内见到成效,经济回报率低。这就是高校教育的经费管理有别于企业管理、行政管理、经济管理等的特殊性。

第三，教学与科研物资的管理特殊性表现在这类资源不完全是生产性资源，而是建立在教学科研功能上的，目的是完成教育教学、实验实习、科学研究等活动，它不是一套设备，而是教学实验和科学研究的基本平台。

高校教育资源的特殊性决定了高校教育管理的特殊性。高校教育资源是指整个社会用于教育领域的人力、物力和财力的总和。有效的可利用资源是指高校教育的主办者对高校教育的投入所形成的资源，主要表现在经费投资方面。社会用于教育的资源又与社会中的区域发展相关联，与政府对教育的投资相关联。教育是一种事业投资，但它的投资对象又决定了它不可能完全是事业投资。事业投资的对象主要是公共事业，公共事业是针对大众的，基本上所有的民众都可以享受到。而高校教育的对象不是单纯享受公共事业的群体，因为高校教育还没有普及，它就不可能是一种完全的事业行为。虽然高校教育的结果回报了社会，但是学生只是整个社会群体中的一部分。那么，为什么不能普及高校教育？这是由高校教育的资源有限性决定的。高校教育的投入来自政府、学生家长、学校自身和社会的多方融资，这构成了高校教育投资的特殊性，也就决定了高校教育资源的特殊性。

马克思认为，要改变一般的人的本性，使其获得一定劳动部门的技能和技巧，成为发达的和专门的劳动力，就要有一定的教育或训练，而这就需要花费或多或少的商品等价物。要进行教育活动，首先需要从社会的总劳动力中抽出一部分劳动力，这就是从事教育的劳动者和进入劳动年龄的受教育者，他们要消耗一定的学习资源、生活资源，如校舍、图书、仪器、设备等。高校教育财力资源不是自然资源,不是可以通过生产方式就能生产制造出来的,而是要通过长时间的打造和培育,随着社会发展与需求逐步形成。在满足了再生产以后,社会所能用于教育的资源就很有限了,难以满足社会和个人对教育的需求,成为教育管理中的一对特殊矛盾。因此,如何去获得更多的教育资源,如何有效地使用稀缺的教育资源,就成为社会和教育领域共同关心的问题。

### 三、高校教育管理活动的特殊性

在宏观层面上,高校教育管理是一项重大的战略任务,其目标是实现可持续的教育发展。为此,高校教育管理活动必须结合当地的特色,包括传统文化、地理位置、人口结构、科技进步、社会环境等方面。

在微观层面上,高校教育管理的一个重要特征是如何平衡学术目标和其他目标。实现这些目标需要高度的智力投入,不仅需要个人努力,还需要团队协作。因此,高校教育管理的核心任务之一就是如何平衡这些目标。

高校教育系统的主导性活动是传授知识、创造知识,高校教育所培养的各类专门人才的质量和高校所提供的各种成果的水平,主要是通过学术水平和应用价值的高低来衡量的。这使得高校的管理活动具有极强的学术性,不能用一般行政性的方法进行管理。因此,学术目标的组织、协调、实现等是高校教育管理活动中的特殊矛盾,这就要求高校教育管理活动一定要重视学术这一特殊目标。

在高校教育组织中,教学活动是一种双向互动的过程。师生作为一个特殊的群体,在实现教学目标和管理目标的过程,应积极参与具体的教学管理活动,以达到双方的认知认同,因此教学民主的重要性就变得更加突出。高校教育管理者应该充分考虑到教职工的能动性,并将其作为实现教育管理目标的重要因素。学术自由是一个有效的平台,它可以激发教职工和学生的积极性,让他们在信任和鼓舞中展示自己的才华,成为学校管理活动中的支柱力量。

## 第三节 高校教育管理的原则

高校教育管理的原则是根据一般管理学的原理提出的且适用于高校教育管理领域的原则。高校教育管理原则必须全面、准确地反映高校教育管理活动的特点、本质与规律,它在理论上是完备的,在实际工作中又是切实可行的,能覆盖整个高校教育管理活动领域,普遍有效地指导高校教育管理实践活动。根据前面对高校教育管理原则确立依据的分析,高校教育管理原则应该包括以下五个方面。

### 一、高校教育管理的方向性原则

管理是一种有目的的活动,管理工作必然有方向。管理的成功取决于正确的方向,而这些方向的确立又取决于如何实现管理目标。管理目标是活动的基础,它体现了活动的方向。教育是一种培养人的社会活动,它必须与社会政治和经济相适应,并为社会发展提供服务。"培养什么样的人"是高校教育的核心问题,它不仅是高校教育的根本问题,更是高校教育管理的方向,它对于所有社会性质的高等教育都具有重要意义。

首先,要坚持社会主义政治方向。要明确我国的高校教育是具有社会主义性质的,要为社会主义服务。如果不明确我国高校教育的社会主义性质,就无法确立正确的办学方向。坚持社会主义的政治方向,要有现实针对性。随着信息技术的发展,发达国家凭借技术优势成为主要的信息输出国,控制全球信息与通信的命脉,其影响几乎渗透至世界上所有国家。因此,我们必须坚持高校教育管理的社会主义政治方向。

其次,要坚持为社会主义经济建设服务。教育必须为社会主义现代化建设服务,这里所说的服务是全面的,既包括为社会主义政治建设服务,也包括为社会主义经济、文化建设服务。在社会主义现代化建设中,始终要以经济建设为中心。高校教育的根本任务是培养人才,高校教育为社会主义现代化建设服务,主要是通过培养社会主义经济建设需要的人才来实现的,这是高校教育的服务方向。

高校教育要坚持社会主义政治方向,同时要服务于社会主义经济建设这个中心,主动适应经济和社会发展的需要。高校教育从两个角度规定了高校的办学方向,各有侧重,相辅相成,二者并不矛盾。政治方向是从高校教育的社会性质来讲的,服务方向是从高校教育的工作任务和目标来讲的。政治方向规定了服务的社会主义性质,服务方向体现了坚持社会主义政治方向的实际内容。因此,不能片面地认为高校教育的方向性只指政治方向,而没有别的内容,这种观点是不全面的。社会主义高校教育的方向就是坚持为社会主义现代化建设服务。

## 二、高校教育管理的高效性原则

任何管理活动,其基本目的都是提高组织系统的效率和效益。管理效率和效益的关系是与管理目标联系在一起的,目标正确,效率就高,效益就好;管理效益的大小就是在消耗一定的人力、物力、财力和时间等资源的条件下,实现管理目标的程度高低。

高校教育管理的高效性原则是高校教育管理本质的具体化,它要求投入一定的高校教育资源,培养更多的高级专门人才和取得高水平的研究成果。

高校教育所产生的效益是多方面的,它不仅能促进生产力的发展,还是精神文明建设不可或缺的手段,是社会得以延续和发展的重要条件,这些主要体现在提高劳动者素质和提升培养人才的数量和质量方面。同时,高校教育在发展科学文化技术方面的作用也是十分重要的。高校教育是需要投入大量的事业,而发展高校教育的资源又是有限的,这些资源靠社会提供,既受社会经济发展水平的制约,又受社会政治制度、管理体制和人们教育观念的影响。因此,高校教育管理既要注重经济效益,即以较少的投入培养更多的人才,合理节省人力、物力和财力,又要注重社会效益,即坚持正确的办学政治方向,全面提高高校教育的质量。

## 三、高校教育管理的整体性原则

在高等教育领域,应该遵循一个整体性的原则,即以培养优秀人才为核心,结合实际情况,科学地安排各项任务,同时也要考虑外部环境对其发展的影响。这样才能更好地提升教育水平,实现教育目标。[①]

高校的核心使命在于培养具备创新精神、实践能力和综合素质的优秀人才。为此,高校需要加强对学生的思想引导、提升教师的专业

---

① 周非,麻爱彦,李江红.教育管理与教学质量提升研究[M].哈尔滨:哈尔滨出版社,2023:16.

素质、开展科学研究、完善后勤管理等。除了培养人才的职能外,高校还有开展科学研究的职能和直接为社会服务的职能。高校教育管理的目标和内容不是单一的教育教学活动的管理,而是包括教育、科学研究和直接为社会服务等活动的综合管理。不论是培养人才、开展科学研究还是为社会服务,都与社会系统紧密相联,都必须与社会经济、政治、科学文化相适应,因此必须把高校教育管理放在整个社会环境中考虑。

高校教育管理要以培养人才为中心,各方面活动的开展都要服从于培养人才这个首要任务。从政府对高校教育的宏观管理来说,首先要做好培养人才的决策和宏观控制,包括人才培养的预测规划、总体规模、发展速度、结构布局等,以及通过立法、拨款、组织、计划、协调、检查评估等手段,保证培养人才的数量和质量。从高校的管理来说,各部门的工作都要以学生为导向,教学和思想教育工作要遵循人才成长规律,科研、生产工作要与教学工作相结合,后勤工作要为教学和科研服务,避免各自为政、各行其是。

高校教育管理要处理好教学和科研的关系,使二者相互结合、相互促进。教学是高校培养人才的主要方式和基本途径,但是,不能把教学工作仅理解为课堂讲授。教学活动既包括通过课堂讲授使学生学到间接知识,也包括指导学生获得直接知识和掌握学习方法。教育是一个复杂的过程,其旨在传授知识、发展智力、培养能力以及塑造良好的道德品质。科学研究是培养人才的关键手段,将科学研究纳入教育体系,可以为学生提供一个全面发展的环境和条件,从而更好地发掘他们的潜能。学生参加科学研究不仅可以有目标、主动地学习,掌握必要的理论知识,而且可以激发自身的积极思维,培养创新精神,提升实践能力。此外,科研活动还可以培养学生严谨治学的态度、踏实的工作作风以及团结协作的精神,从而更好地促进学生与教师之间的沟通,让教师更全面、更准确地了解学生,从而更好地根据学生的特点,发挥他们的潜能和主动性。开展科学研究还能够提高高校教师的学术水平,充实和更新教学内容,改进教学方法,使教学质量不断提高。因此,不应该把科学研究和教学对立起来,而应该使二者互相结合、互相促进。

通过科学研究,我们可以更好地了解客观世界的规律,并将其转化为更具体的理论。这些理论可以更好地指导他人,让其掌握更多的知识,并且拥有更强的创造力,以便更好地完成各个领域的工作。从这个意义来讲,科学研究是"源",教学是"流",科学研究总是走在教学的前面。虽然在教学中给学生讲授的理论知识并不需要也不应该要求教师都通过自己的研究实践进行总结和积累,但是,现代科学技术的发展日新月异,高校教师如果不通过开展科学研究及时了解和掌握本学科与相关学科的最新动态和发展趋向,仅停留于传授现成的书本知识上,那就不可能提高高校教育教学质量,也不可能培养出适应现代科学技术迅速发展和现代化建设的合格人才。

发展科学文化也是高校的重要任务。随着现代科学技术的日新月异,现代生产力向高科技转变得越来越快,高新技术产业在整个经济中的占比不断提高,科技在经济发展中的作用越来越大。21世纪是高新技术迅速发展的时代,我国改革开放和现代化建设进入承前启后、继往开来的关键时期,国家的经济建设和社会发展比以往任何时候都要更加依赖科技进步。在这种形势下,高校特别是重点高校的科学研究工作应大力加强。

直接为社会服务也是现代高校的一项重要社会职能。高校培养人才、开展科学研究、为社会服务这三项职能是互相联系、相辅相成的。开展各种形式的社会服务,有利于加强学生与社会的联系,增进学生对社会需求的了解,增强其主动适应经济发展和社会发展需要的能力;有利于理论联系实际,培养学生解决实际问题的能力,提高教学质量;有利于进一步发挥高校的潜力,充分调动教职工的积极性和主动性。但是,高校必须以培养人才为中心。衡量高校工作的根本标准是培养人才的数量和质量,绝不能搞短期行为,只看经济收益的多少,而不顾教学质量和学术水平。因此,一定要处理好培养人才与直接为社会服务的关系,必须统筹兼顾,加强管理,对社会服务收益进行合理分配,这样才能更有利于调动各方面的积极性,特别是教学一线教师的积极性。

### 四、高校教育管理的民主性原则

高校教育是一个开放的系统,它必须与社会发展保持一致。历史已经证明,追求科学和民主是高校教育的重要目标。通过追求科学,我们可以保证高校教学和科研的活力,同时也为实现民主提供了保障。高校教育管理的民主性原则主要是由高校教育管理封闭性和开放性相统一的规律决定的。要办好既封闭又开放的高校,不发扬民主、不调动师生的积极性和创造性是难以实现的。因此,高校在进行重大决策时,必须发扬民主精神。

在高校教育管理中,应该坚持民主性原则,即通过广大教职工和学生的共同努力,动员社会各界的力量参与高校的管理。在这个领域,人才众多,学术思想活跃,因此管理工作必须充分体现学术自由的精神。在高校,教学和科研是非常重要的学术活动,需要充分的思想自由,并且需要民主制度的支持。因此,在高校实施民主管理显得尤为重要。在这种情况下,高校的教师和学生既是被管理的对象,也是管理的主体。教师和学生都致力进行深入的学术研究,通过独立思考、探索来实现自身的潜能,他们是精神创造的主体。只有通过激发学生的内在活力,让他们发挥出最大的潜能,才能够达到管理的目标。因此,教师需要参与编制、执行学校的培养目标、教学计划、教学大纲等工作,并且要不断探索新的教学内容和教学方法。为了提升学生的学习效果,教师应该鼓励他们积极参与,并且自主地完成任务。这样可以激发教师和学生的积极性,增强团队凝聚力,让管理者能够及时改进管理方式,从而提高管理的有效性。为了更好地管理高校,需要让教师发挥主导作用。同时,也应该多听取学生的意见,以便更好地为他们的学习和生活提供指导。

高校的管理工作非常复杂,因为它涉及许多不同的领域,包括教学、科研、生产、思想教育、后勤和校内外关系。管理一所高校需要掌握许多专业知识和技能,管理者需要全面了解所设专业、课程和工作的各个方面。因此,必须激发教师和职工的积极性,集思广益,共同努力。在教学、科学研究和学科建设的重大决策中,学校应当尊重和倾听教师的意见和建议,使他们能够为决策提供有力的支持,从而确保决策的正确性。

政府应该充分尊重高校的学术特性,并给予它们充分的自主权,以便让它们能够在学术上取得更大的成就。同时,主管部门也应该尽量避免过多的行政干预,以保证高校的学术自由和办学自主权。高校还有多样化的特点,这是因为社会对高校教育的需求是多样化的,这就要求高校办出自己的特色,适应社会的不同需求。主管部门的作用是进行宏观控制和协调,为学校创造良好的环境和条件,通过财政的支持、政策的导向和法规的约束,引导学校主动发展。民主性原则要求在高校教育管理中实现制定决策民主化、执行决策民主化和决策执行结果评定民主化。

在高校教育管理中,应当积极推行民主管理,以便让被管理者充分参与决策过程,共同探讨、协商,以提升决策的科学性和可行性。管理者应该积极关注并及时跟踪决策的实施情况,以便及时调整和完善决策。为此,必须坚持民主的原则,以确保决策的有效实施。管理者应该秉持公正原则,在处理公务时不谋取私利,尊重下属,虚心向他们请教,及时调整和改进方案与方法。决策执行的结果不仅会影响决策制定者和执行者的工作表现,也会影响下一个决策的制定和执行。在评定工作中,应当坚持民主性原则,以此来调动决策者和执行者的积极性,发挥他们的创造力,最终提升高校教育管理的效率和质量。

## 五、高校教育管理的动态性原则

管理过程是一个充满变数的过程,它不断地调整和改变管理对象和管理系统内部的各种要素,以适应外部环境的变化。因此,管理过程的核心就是根据外部环境的变化,调整管理对象和条件之间的关系,以实现最终的目标。

我国正处于实现中华民族伟大复兴的关键时期,社会生活的各个方面随时都在发生变化。高校教育也需要适应这种变化,以满足社会经济、文化和科技等方面的需求。高校教育作为一种社会技术系统,与外部环境密切相关,并不断发展。管理活动与管理对象、管理环境之间存在密不可分的关联,这是客观事实。在高校教育管理过程中,任务、组织架构、技术手段以及参与者都处于不断变化的状态,因此,必须坚持管理的基本原则,维持管理的稳定性和秩序;同时,由于教育的对象、内容、方式以及手段都在不断发展,因此在运用高校教育管理原则时,也需要具备灵活性。

随着科技的发展,社会对高校教育的需求和条件也在发生变化。因此,高校教育管理必须不断调整,适应社会的发展需求,并为社会做出贡献。只有这样,高校才能真正成为社会的重要组成部分。高校教育必须不断改革和创新,适应国家经济和社会发展的需求。改革的目标是建立一个有效的机制来促进高校的发展。为了实现这一目标,高校需要不断更新教学和科研设备,并且不断优化教师队伍。

因此,高校教育管理的动态性原则旨在通过持续的改革来满足经济和社会的发展需求。这一原则的具体内容包括:第一,从长远的角度来看待问题,认识到任何事物都不是一成不变的,只有不断地改革才能推动教育的发展,教育的发展离不开持续的改革。第二,必须在变革和稳定之间取得平衡,既不能固步自封,固守既有的体制,又不能完全抛弃过去的经验。此外,还必须谨慎地对待高校教育改革,避免草率行事。

高校教育管理的动态性原则取决于它必须与社会的政治、经济、科技和文化发展保持一致。[1] 随着时间的推移,高校教育必须不断改革以适应社会的需求,这是一个基本规律,需要管理者不断努力去实现。同时,随着高校教育管理对象和外部环境的变化,以及管理工作

---

[1] 洪剑锋,屈先蓉,杨芳. 互联网时代下高校教育管理与评价创新[M]. 延吉:延边大学出版社,2022:36-37.

中出现的新挑战,管理者需要不断积累经验,以应对新的挑战。

　　以上五条原则是高校教育管理的基本原则,是普遍适用的。方向性原则反映了我国高校教育管理的性质,从根本上确立了社会主义高校教育发展的大方向,规范了高校教育的培养目标;高效性原则指出了管理工作的本质特点和根本要求;整体性原则反映了管理工作的基本要求;民主性原则贯穿高校教育管理活动的始终,为高校教育管理活动的顺利进行营造了良好的氛围,保证了管理工作有足够的动力;动态性原则指出了完善管理工作的根本途径,它们相互制约、相互促进。在实际工作中,这些原则是紧密联系、相辅相成的,共同指导高校教育管理的全部活动,构成了一个完整的原则体系。

# 第二章　高校教育管理创新性发展的理论基础

## 第一节　创新性发展的概念和本质

### 一、高校教育管理创新性发展的关键概念

在探讨高校教育管理的创新性发展之前，我们需要对其中涉及的核心概念有一个清晰的理解。这不仅有助于我们准确把握高校教育管理的发展方向，而且能够为具体的实践提供理论指导。

(一)关于"创新性"的概念界定

"创新"是现代社会中一个极为重要的概念，它不仅仅是技术或产品层面的变化，更是一种思维方式和文化态度。"创新性"指的是在已有知识和技术的基础上，通过突破传统框架和思维定势，创造出具有新价值的事物的能力。这种能力既包括了对旧有事物的反思与改进，也包含了对新事物的探索与构建。因此，"创新性"强调的是破旧立新的过程，是在不断变化的社会环境中保持竞争力的关键因素。对于高校教育管理而言，这意味着需要不断审视现有的管理模式、教学方法以及评估体系，并积极寻求改进和创新的机会。

### (二)关于"发展"的概念界定

"发展"是一个广泛应用于各个领域的概念,尤其在社会科学和管理学领域有着重要意义。从哲学角度看,"发展"是指事物由简单向复杂、由低级向高级演进的过程。在这一过程中,事物经历着量变到质变的转变,即在一定条件下,积累的量变最终导致性质上的飞跃。具体到高校教育管理上,发展意味着随着时代的变化和社会需求的增长,教育机构必须持续优化其结构和服务功能,以满足日益增长的学生需求和社会期待。例如,从单一的知识传授转变为全面的人才培养,从传统的课堂教学模式向多元化、个性化的学习方式转变等。

### (三)关于"创新性发展"的概念界定

将"创新性"与"发展"结合起来形成"创新性发展",是对二者关系的一种深刻理解。"创新性发展"强调的是,在教育管理和实践中,创新不仅是推动教育进步的动力源泉,同时也是实现发展目标的重要手段。在这个过程中,"创新"作为核心驱动力,促使教育机构不断突破自我,探索未知领域;而"发展"则明确了前进的方向,确保所有的创新活动都能够服务于提升教育质量和效率的目标。换句话说,"创新性发展"是在坚守教育本质不变的前提下,通过对教育理念、管理模式、课程设置等方面的持续革新,来促进教育事业的整体提升。

综上所述,要实现高校教育管理的创新性发展,首先需要深刻理解上述三个概念及其相互之间的关系。只有这样,才能在实际工作中有效地实施改革措施,不断提升教育质量,更好地适应社会发展的需求。同时,这也要求教育管理者具备开放的心态、敏锐的洞察力以及勇于尝试的精神,敢于面对挑战,积极探索适合本校特色的创新发展之路。

## 二、高校教育管理创新性发展的本质内涵及其内在规定性

在当今快速变化的社会背景下,高校教育管理的创新性发展已成为高校持续进步的关键。这一过程不仅涉及对传统教育管理模式的超越与提升,更强调了教育管理与时代需求的紧密结合。深入探讨高校教育管理创新性发展的本质内涵,有助于我们更好地理解其三个核心方面的内在规定性。

### (一)以教育管理发展为追求

高校教育管理的创新性发展首先体现为一种对自身管理模式的继承与发展。这不但是简单地更新或替换旧有的管理方法,而且是基于对教育管理核心理念、方法和精神的深刻理解和传承之上的一种时代性跃进。具体来说,这意味着要在保持教育公平、质量等基本价值不变的前提下,积极引入现代教育技术和管理理念,如大数据分析在学生管理中的应用、人工智能辅助教学资源分配等,来优化教育资源配置,提高高校教育管理的效率。同时,这种发展也意味着要不断探索新的管理方式,比如通过建立更加灵活的学生评价体系,鼓励学生的个性化发展,促进教师的专业成长,从而实现教育管理的整体升级。

### (二)以教育管理创新为特征

创新是推动高校教育管理实现新飞跃的核心动力。在这个过程中,教育管理者需要勇于突破传统的思维定式,敢于尝试新的管理模式和机制。例如,采用项目制管理模式来增强跨学科合作,利用云计算技术构建开放共享的教学平台,或是实施基于绩效的薪酬制度激励教师创新教学方法等。这些创新举措不仅能够激发师生的创造力,还

能有效提升教育管理的实际效果。更重要的是，通过不断的实践探索，可以形成一套适应当今时代需求的新型教育管理体系，为其他高校提供可借鉴的经验。

(三)以教育管理的有机融入为旨归

真正的创新性发展不是为了发展而发展，也不是单纯为了追求表面的创新成果，而是要使高校教育管理以一种高效、科学的方式自然融入整个教育教学过程。这就要求教育管理不仅要关注内部结构和流程的优化，更要注重如何通过有效的管理手段促进学生全面发展。换句话说，"以管理促育人"应当成为高校教育管理创新性发展的最终目标。例如，可以通过完善导师制度，加强师生之间的互动交流；或者设计多样化的课外活动，丰富学生的校园生活体验；甚至是在课程设置上更多地考虑社会实际需求，培养学生的社会责任感和实践能力。只有这样，才能真正实现教育管理与教育教学活动的有机结合，让每一位学生都能在良好的管理环境下健康成长，成为具有国际竞争力的人才。

综上所述，高校教育管理的创新性发展是一个复杂而又充满活力的过程，它要求我们在尊重传统的基础上大胆创新，在追求卓越的同时不忘教育初心。只有这样，才能确保高校教育管理始终走在时代的前沿，为国家和社会培养出更多优秀的建设者和接班人。

## 第二节 高校教育管理创新性发展的必要性

随着社会的发展，我国政府不断探索更加适合高校教育管理方面的措施，致力于高等教育事业的素质教育发展，并且不断培养具有创造能力的高等应用人才。但是,随着我国经济的不断繁荣昌盛,高等教育事业面临更高的挑战,从而促使高校教育事业管理上的创新,只有寻求高校教育事业的创新发展,才能为我国社会主义现代化建设做出应有的贡献。

## 一、市场经济的发展与完善

经济基础决定上层建筑,高等教育作为上层建筑的重要组成部分,受一定社会的经济、政治、文化制约,并为一定社会的经济、政治、文化服务。因此,市场经济对高等教育的影响具有客观的必然性。市场经济与高等教育之间相互渗透、相互作用,市场经济制约着高等教育,高等教育服务于市场经济,二者表现为相互供需的关系。高等教育的发展规律必须适应市场经济的客观规律,高等教育的体制改革也必须应对市场经济体制的挑战。

教育属于我国国民经济方面的重要组成部分,在教育的各项环节中都存在投入以及产出等经济活动。对于投入而言,属于社会经济资源分配中较为重要的部分,也是社会经济活动当中的产出内容。对于产出而言,主要是社会经济活动过程中的基本投入元素,也就是人力资源。另外,在市场竞争环境日趋激烈的发展背景下,开放性以及网络性已经成为市场发展的重要特点,对学校提出了更高的要求,学校需要面向社会需求独立自主办学,从宏观调控层面开展相关的管理以及协调工作,制定完善的管控方案,全面提升高等教育管理工作水平,以达到预期的工作目的。

### (一)市场经济对高等教育的影响

市场经济的大潮打破高等教育原有的运行机制,给高等教育带来

第二章 高校教育管理创新性发展的理论基础

强劲的动力机制,驱动高等教育加快改革步伐。这是市场经济给高等教育带来长期效应的集中表现,也是市场经济对高等教育影响的本质所在。市场经济对高等教育的积极影响主要表现为以下四个方面。

1. 市场经济的健康发展为高等教育的良好发展创造良好的社会环境

市场经济的健康发展伴随着社会生产力的提高、综合国力的提升、人民生活水平的提高,为高等教育的发展提供良好的外部环境。同时,市场经济中多种所有制形式的存在,将进一步促进形成多种形式发展高等教育的新局面,以适应人们接受高等教育的需要,形成国家办高等教育与社会、个人办高等教育并举的格局。

2. 市场经济的发展为高等教育改革注入新的活力

随着市场经济的发展,我国经济建设的速度和社会各项事业的发展速度加快,社会各方面对高层次专门人才的需求急速增加。随着人们生活水平的提高,对接受高等教育的需求也相应提高,这为高等教育的改革与发展注入新的活力。

3. 市场经济的发展促进高等教育观念发生了新的变化

市场经济的发展引起了高等教育领域内部的深刻变革,市场经济体制要求的开放意识、创新意识、竞争意识、信息观念、时间观念、效益观念等必然会渗透到高等教育的思想观念之中。从高校管理体制到办学体制,从招生到就业制度,从教育结构到教学内容,从投资结构到自主办学以及教育的其他方面,都发生了新的变化。

4. 市场经济的发展将为高等教育提供广阔的社会实践领域

高等教育是一个国家发展水平和发展潜力的重要标志。市场经济体制有利于高等教育根据市场需求确立人才培养目标,调整专业设置、改革教学方法;有利于在高等学校内部建立起鼓励竞争、讲究效率的机制,调动起广大教师的积极性,促使教师主动探索新的教学过程;有利于高等院校面向社会,缩短知识转化为生产力的周期,促进科研成果的转化,推进学科建设与布局,前瞻性建设面向未来科技发展的学科专业,更好提升高等教育与经济社会发展需求的契合度。

(二)市场经济对高等教育的调节

在市场经济条件下,高校融入发展进程,必然受到市场的调节和支配。市场对高等教育的调节有许多优点,具体如下:

1. 有利于高校自主招生和合理设置专业

通过发挥市场的调节作用,高校对外界社会的需求反应和适应变得更加敏锐、快捷。威廉斯(Williams)评论道:"市场模式的主要优点是它可以不断地刺激学院和大学,使其适应不断变化的经济和社会状况。"高等教育的市场调节主要通过高校对消费者需求变化、劳动力市场需求变化和社会对知识产品的需求状况的反应表现出来。当市场上某一专业的人才需求发生变化时,高校和消费者便会根据这种供求变化信号,按照自身的经济利益,及时调节自身活动,以在市场竞争中求得生存和发展。

就消费者而言,他选择进入什么学校、选择什么专业,反映了目前和未来劳动力市场对某一方面的人才供求状况,也反映了目前高校市场的价格(收费水平)、竞争(入学选择)。就高校而言,它对市场的反应,主要通过消费者需求变化、劳动力市场变化来实现。消费者市场供不应求时,高校便以各种方式争夺生源;劳动力市场某些专业人才供过于求,或某些专业人才供不应求时,高校便立即调整专业和教学方式,增设培养社会急需人才的专业,缩减或取消个别专业培养计划,以适应市场的变化。

2. 市场的积极调节作用有利于高校合理定位,办出特色,办出水平

约翰·范德格拉夫(John Van de Graaff)是高等教育管理研究领域的著名学者,他提出的"学生参与学校管理阶梯模型"的理念为理解学生参与校园治理提供了系统性框架。他提出:"学生的需求起着重要作用。学生掌握着平衡杠杆。学生不仅可以选择进入哪所院校,而且可以随意退出,从一所院校转入另一所院校。由于存在着如此广泛的入学选择权和以后的退学权、转学权,因此各学院和大学的生存或者依赖满足学生的需要,或者依赖以自己大学的优秀质量来吸引学生。只有形成自己学校的特色才能吸引学生,雷同则不能。所以,许多院校都努力建立自己的特色,而不是被动地接受统一的模式。"[①]在强大的市场作用面前,高校必须力图办出自己的特色,力争做到"人无我有、人有我优",以不同的服务内容和方式,确保自身在市场竞争中立于不败之地。

3. 市场的调节作用有利于高校建立市场主体意识,发挥自身的主观能动性

在市场经济条件下,任何一个经营主体都面临着盈利、亏损、破产的可能性,都必须承担相应的利益风险。风险机制以利益的动力和破产的压力作用于商品经营单位,使得每个经营者时时刻刻关心生产经营情况,从而督促和鞭策他们奋发努力,变革更新,不断进取。虽然高校不同于企业具有经营性,但同样受市场竞争机制的影响。因循守

---

① 李仁涵. 智能时代高等教育模式研究[M]. 上海:上海大学出版社,2019:19—21.

旧、固步自封、一成不变,会导致其在激烈的竞争中被淘汰。高校只有改革创新、因时思变,才能取胜于市场。

可见,市场对高等教育的教育观念、办学体制、管理方式、教学方式、招生与就业制度以及人才培养模式等各方面产生了重要影响,给高等教育的改革和发展带来生机与活力,促使高等教育必须改革体制,调整结构,提高质量和效益,并且从社会和经济发展的需要着眼,从实际出发,着力办出高校自己的特色。因此,高校要遵循市场经济规律,引进市场机制,面对市场进行自我调节,以适应市场经济对高等教育提出的新要求。

### (三)市场经济对高等教育管理体制改革的要求

社会主义市场经济的完善和发展,对高校管理体制的改革提出了新的要求。

#### 1.高等教育要面向市场需求培养人才

市场经济的发展对人才素质的要求更加全面,既需要有文化、懂技术、业务熟练的劳动者,也需要具有现代科学技术和经营管理知识的管理人员;既需要能够适应现代科学文化发展和新技术革命要求的高级专业技术人员,也需要品德好、能力强、业务精的综合型人才。

教育管理体制改革就是要从体制上促使人们转变教育观念,树立正确的人才观和教育观,适应市场经济对人才的要求,培养满足市场需求的人才。这就要求高等教育管理体制改革要与经济体制相适应,树立教育为经济建设服务的观念,克服狭隘的为教育而教育的旧观念,同时还要树立大教育观念,即树立全时空的教育观。

在空间上,要把学校教育与家庭教育、社会教育结合为一体,打破封闭式的围墙里的教育模式,把教育和社会联系起来,放眼社会,放眼世界。

在时间上,要把就业前教育和就业后教育结合起来,把学校教育纳入终身教育体系中去考虑。学校的就业前教育不仅要考虑学生将来从事什么职业,而且要使他们具有终身学习的能力,以便能够根据科技发展、生产变革以及市场的变化随时参加学习。

2. 高等教育要调整培养目标,改革教育内容和方法

市场经济的主要特点是开放性、竞争性、创新性、法治性。为适应这些特点,就要求教育培养的人才具有宽广的知识视野,善于捕捉信息;有果断的决策能力,敢想敢干,勇于创新;有经济头脑,注重经济效益,讲究工作效率;有较强的法治观念,善于处理人际关系等。为此,在培养目标上要摒弃单纯追求应试升学的观念,注重学生基本素质的提高。

在市场经济的条件下,仍然要坚持社会主义教育方针,使学生在德智体美劳方面都得到发展。特别要加强思想道德教育,提倡敬业精神;要教育学生坚持真理和正义,反对虚伪和邪恶。

(1) 教育内容改革

教育内容改革,要加强科技教育,增加发展社会主义市场经济所需要的内容。特别是,高等学校和职业技术学校要根据市场经济发展的需要,根据当地的条件调整专业设置和课程内容。

(2) 教育方法改革

要改变只为应付升学考试的呆板做法,注意减轻学生的课业负担,使学生生动、活泼、主动地发展。

### 3. 建立适应社会主义市场经济的教育体制

我国现行的教育体制高度集中,高度统一,这种体制使办学缺乏生机和活力,难以办出特色。在这方面,高等教育的问题最为突出,表现在教育投入和发展与经济投入和发展不适应,专业设置和教育质量与市场经济不适应,招生、分配制度与社会需求不适应。根本的问题是教育体制与社会主义市场经济体制不相适应,因此必须加以改革。

教育体制改革的目标是加强院系的决策权和办学的自主权,使院系和一线工作的教师能够参与决策,根据市场的需求调整教育结构,调整专业设置、课程计划和培养方式;能够根据自己的条件和院系的优势办出自己的特色;能够参与科技市场竞争,把院系的教学与科研、生产联系起来,利用学校科技优势,创造新的科研成果,并迅速转化为现实生产力,从而促进社会主义经济的发展。

### 4. 面向市场经济,建立和完善中国特色的现代大学制度

现代大学制度应与社会主义市场经济体制相适应,符合高等教育的规律,使管理体制与运行机制相统一。现代大学制度的本质是面向社会、自主办学、民主管理;基本特征是学术自治、政校分开、权责分明、管理科学;建立现代大学制度的核心,就是为有效地配置教育教学资源。实现这一目的最有效的方式,就是在现代大学制度的建设中,引进市场体制和运行机制,增强大学制度对市场的适应能力。

市场经济已成为我国经济发展的主旋律,高等教育作为社会的一个有机体,不可能摆脱或躲避市场经济的冲击。建立与社会主义市场经济体制相适应的高等教育管理体制,是市场经济发展对高等教育的必然要求。

## 二、教育改革的需要

在我国的现代化进程中,我国的教育事业取得了举世瞩目的成就。高等教育的管理体制和教学体系不断建立并且日趋完善。党的十八大以来,我国进一步全面深化改革、推进中国式现代化,高等教育的地位和作用不可忽视。随着中国式现代化背景下经济的蓬勃发展,高等教育管理的创新性发展既是时代的发展趋势,也是在高校教育管理的基础上继续发展的先决条件。实施高等教育管理创新,在当代的教育进程中具有重要意义。

高等教育管理的创新是我国在教育改革方面的必要任务之一,自改革开放恢复高考招生工作以来,中国的现代教育制度经过了多年的实践,随着我国教育事业的不断进步,人口数量的快速增长,高校为了适应时代的发展,招生人数在不断增加,接受高等教育的大学生数量也在持续增长。学生人数增多了,相应地高校的管理也必将受到一定程度的影响。学校需要加大对校内硬件设施的建设以及对教学设备的采购。而现如今,我国的高等教育教学管理面临着实际性的难题,比较突出的问题体现在资金投入不足、管理资源匮乏,以及管理体制不完善等,这些问题都对高等教育的管理工作带来了一定程度的影响。

自我国加入世界贸易组织后,与各国的竞争也更加激烈,获取投入给高等教育的资金也越来越困难,当下中国仍在过去的教育管理基础上进行优化,其结果很大部分取决于高校干部的个人素养,这对教育改革创新的发展有着很大的影响。只有让高等院校的领导者重视高等教育,严抓高等教育管理,在各个方面都不能懈怠,使用先进有效的方法,才能为我国培养更多的人才。要想实现高等教育管理的创新,就要有崭新的看法、体系、制度和措施,进而激起当代年轻人的创新激情,为那些勇于创新的人提供可以发挥才能的机会,并为高等教育管理打下基础,从而促进我国高等教育管理的发展。当下我国高等教育管理创新最重要的是要有完善的高等教育管理创新体制,以便于探索出更加完善的高等教育管理体系,使我国的高等教育品质得到大幅提升,让我国高等学校的学生都能够成为拥有强大的心理承受能力、独自生活的能力、良好的人际交往能力、勇于创新的能力、有事业心和责任心的当代中国守法公民,高等教育管理的创新使我国民众的素养得到更深层次的提升。

## 三、高等教育管理工作的开展

在我国现代化发展进程中,各行业的竞争日益激烈。在持续不断的竞争过程中,一系列问题逐渐显现。在高校教育管理中,以往陈旧的管理模式以及管理方式上的漏洞,都对中国的现代化教育模式的发展以及高等教育的未来发展造成了巨大的影响。要想实现高校教育管理的创新,持续将学校的管理体制以及管理方法进行创新研究,就必须运用先进的管理理念,并且学习到其中的管理手段以及管理方法,进而可以更好地开展高等教育管理工作,从而实现促进高校培养人才并为社会输送人才的目标,确保高校管理工作能够顺利进行。①

## 四、对当代大学生、各所高校,以及社会都具有积极的推动意义

在现代的高等教育发展过程中,高等教育管理的创新体现在多个

---

① 许勇战.新时代高校教育教学管理变革创新的必要性及可行性研究[J].江西电力职业技术学院学报,2022(4):67-69.

方面。宏观层面上,体现在高校教育管理的政策、体制,以及方法的创新上;微观层面上,体现在高校教育管理手段、管理体制以及管理方法的创新上。高校教育教学管理的创新,不仅可以大大激发学生的学习兴趣,还可以提高学生学习的积极性,为学校培养创新型人才提供帮助。同时,高校教育管理的创新,还可以提高学校的教学质量,提高当代大学生的综合素质,提高高校教育管理工作的质量和教育教学工作的效率。因此,在现代的高等教育发展过程中,对高等教育管理实施创新研究,对当代大学生、各所高校,以及社会都具有深远影响和积极的推动意义。

## 五、促进高等教育工作的合理实施以及长远发展

自从"人力资本"理论提出后,作为人力资本中的重要资源,教育资源已经被列入生产性的投资,早在1992年,党中央、国务院就已经提出了教育属于全局性并且先导性的基础产业,在此过程中,高等教育主要生产的就是准公共产品,具有较高的外部效应,不仅会使学生受益,还能为国家以及全社会提供一定的帮助,这些特点又可以体现高等院校的公益性,因此,不能将营利作为主要目标。然而,在高等教育的过程中,高校可以为社会以及国家经济发展培养出高级人才,不完全由国家财政包办,对此,在社会主义市场经济体制的作用之下,将高等教育作为特殊的产业进行开发,在院校以及相关领域中采用市场、企业经营等管理机制,通过创新高等教育管理形式与方式方法,可以全面促进高等教育工作的合理实施以及长远发展。

# 第三节 高校教育管理创新性发展的思维特征

现如今,我国的高校教育管理呈现出一些新的特征,这些特征与时代发展紧密相关。新的形势下,我国的高校教育管理创新性发展的思维特征主要表现为以下三个方面,即市场化、数字化和网络化、国际化。

## 一、市场化

我国加入WTO(世界贸易组织),非义务教育中的高等教育、成人教育、职业教育被列入服务产业领域,意味着中国高等教育市场向世界开放。近年来,国家高校教育管理重心下移,从招生、用人等方面给予高校更多的自主权。可以说,目前,我国已经进入了高等教育大众化的初级阶段。从国际、国内的总体形势看,我国高校教育的市场格局正在逐步形成,市场特征逐渐呈现,我国高校教育在办学体制、教育管理上逐步贴近市场,走向市场化管理。

(一)市场观念基本形成

我国高等教育从专业设置、招生计划、办学经费直至毕业分配,都是根据国家计划指令进行操作的。1992年,中央发布了《中共中央、国务院关于加快第三产业的决定》,它指出,教育事业是对国民经济发展具有全局性、先导性的基础产业,属于第三产业。产业性质的确立是高校教育市场观念形成的基础。随着我国加入WTO(世界贸易组织),国际教育产业理念的引进与国际教育市场竞争的实际性迫近,高等教育管理的市场观念已逐渐形成,大力发展高等教育成为我国拉动经济持续增长的一个重要方面,教育消费也成为国民消费结构的主要组成部分。目前,要求在高校教育领域尽快制定与国际接轨的法律法规,引进市场机制,鼓励企业及社会团体向高校教育领域投资的呼声很高,说明高校教育管理思维中的市场观念已基本确立。

## (二)高校的运行过程已现市场的竞争特征

近些年来,高校在招生、引进师资、内部管理、后勤改革、毕业生就业等方面都呈现竞争态势。每到招生季节,不管是名牌大学还是普通高校、高职院校,都施展浑身解数来争取招到足够的、理想的学生。在引进师资方面,尤其是热门专业、紧俏专业、新办专业、师资紧缺专业,竞争尤为激烈,部分大学以住房、奖金、科研经费等优厚待遇来吸引人才。在人事管理上,签订有关劳动合同和发放聘书、制定违约离岗的赔偿制度等都呈现市场特征。同时,增效挖潜工作也在各大高校展开,最热烈的就是高校后勤改革和人事分配制度的改革。特别是人事分配制度改革,在校内引进竞争机制,把教学、科研的工作与个人经济收益挂钩,调动了教师和科研人员的积极性。这一系列改革,实质上是采用了企业管理的某些做法,是市场规律在高校内部管理中的运用。此外,毕业生分配市场化操作,资本运作开始介入高校领域,除建立了各种贷款制度外,一些企业集团开始向高校建设领域投资,建大学城,办民办大学。而公立高校也利用其品牌优势,参与竞争,如某大学,为建设其远程教育体系,投资数亿元。高等教育作为"一种个人追求的'渴求商品',存在着通过国际贸易而带来购买者、贩卖者和中介者的商业利益"。其市场竞争特征已十分明显。

服务本质与外部环境的矛盾性,是高校教育管理的一个市场个性特征。市场的最大特征是追求利益最大化,或者明确地说,是追求利润的最大化。作为第三产业,高校占有一定的经济资源存在资本投入和硬件投入(主要是国家财政额定投入),同时也有产出效益,包括个人效益和社会效益,但高校教育的法律定位是"非营利",部门本质是提供教育服务,具有准公共产品特征。在目前教育市场逐渐打开,市场实质性竞争加剧的形势下,高校教育追求资源的优化配置、人员的合理使用,追求科研成果及产业转化的持续增长,追求学校规模的逐渐扩大、办学质量与水平不断提高,总而言之,是追求效益的最大化,或者利益(非利润)的最大化,以便在激烈的市场竞争中站稳脚跟,占有一定的高校教育市场份额,这是外部环境决定的高校教育的市场特征。其矛盾性在于以国家计划性投入来应对千变万化的市场,以"非营利"的本质定位来追求市场经济效益的最大化,这既是目前我国高校教育的市场个性特征,也是当前我国高校教育的困惑所在。

产品品种与质量的验证滞后性,是高校教育管理的另一个市场个性特征。与其他商品不同,高校教育不能立刻对产品进行质量检验或试用,高校的教学质量及应用价值只有学生在几年学习结束走上工作岗位后才能获得验证,滞后性带来教育投资的风险,其结果是带来名校效应。因为名牌在人们心目中具有质量保证和就业保证,可以降低投资风险,保证投资回报,所以从国家到个人的教育投入,都首选名校。

## 二、数字化和网络化

数字化和网络化是新一轮科技革命的突出特征,也是新一代信息技术的核心。网络世界的广阔性、丰富性、生动性和即时性,给个体以全方位刺激,从而对现有教育管理理念、教育管理制度、教育管理模式、教育管理职能等产生了前所未有的影响。

(一)网络为知识传播提供了便利性

在网络上许多的教学资源,如图书、教师、课堂教学的内容等是可以共享和存储的,教师的很多工作,如课堂教学是可以不再重复的,教师的教学对象具有更广阔的特征,这使学校对教师的数量和质量的要求必然产生影响。也许一个规模巨大的高校的某一门课程只需要两三位水平高、教学效果好的教师就足够了。因此一部分投资重点会转向网络教室等硬件上,以期让所有的学生能及时、方便地观看这几位教师的教学。

另外,开设这些课程的若干个高校可以共享几位教师,从而跨高校的教研室便会应运而生,减少教师的数量,在整体上提高高校教师的质量。这样,可以省去庞大的教育经费支出,更利于高校领导者在人事管理方面使高校教育的资源得到合理配置。另外,高校教育的硬件水平在提升的同时,高校可以很好地利用这些固有的硬件条件,进一步完善信息化的高校教育管理系统。这样的一个系统在达到完美后,高校教育的管理将更为轻松、简易,省去许多中间环节,进一步实现高校教育管理的透明化。

(二)数字化学习、网络教学改变了传统的教学模式,构建了一种新型平等的师生关系

教师不再是知识的权威和垄断者,学生可以利用互联网择其所好自主学习,自由选择时间和教师,从而使其个性得到张扬,特长获得发展;教师亦从昔日"粉笔黑板"的教学中解放出来,成为学生知识的点拨者、学习方法的推介者、心灵自由的创设者、个性发展的引导者、社会生活的指导者;师生之间不再是以往那种驾驭和服从的关系,而代

之以平等、和谐的对话关系。同时,网络教学也可以使得一个学校的学生成为另一个学校教师的学生,师生关系的内涵和外延都将有新的内容。这种因网络化而出现的传统高校教育教学模式的新变化,对于高校教育管理的教学管理体系是一个新的挑战,传统的高校教育教学管理基本上是面对面的单一人事管理,现在网络的出现使得高校教育教学管理面更为复杂也更为开阔。教师与学生之间的关系一反传统的管理者与服从者的关系而成为平等对话的关系。

**(三)网络的及时性,使得高校教育管理中各种信息处于快速更新的状态**

首先是教材的概念开始改变。教材不再是单一的书本形式,各种电子书籍的出现,先进的教学硬件设备的出现,大大促进了网络教学的发展。另外,网络教学的发展必然会促进教学内容的不断更新,克服了教材的滞后性和周期性,而且同一门课程的内容也将呈现出多元化的趋势。各方面的教育教学信息都会在第一时间准确、无误地传递给师生。其次是在管理模式上的改变。因为网络的更新是如此的及时,所以在现代高校教育管理中使用网络也必须遵循这一规律。也就是说,高校教育管理体系也必须与时俱进,灵活变化,适应多变的环境,高校教育管理思维也必须摒弃那种一劳永逸的想法,要不断地改革创新,在其实现方式上可以多样化,因循守旧,只会被时代潮流的抛弃,一种思维如果只是单纯的重复使用,则会失去其活力,在僵化之余,生机尽失。

**(四)网络的虚拟性,给学生提供了一个仿真的世界**

视觉和听觉的缺失以及互联网的隐蔽性,使个体容易沉溺其中,难以自拔,并距他们赖以生存的现实世界愈来愈远,由此会引发一系列的心理和社会问题,如人际疏离、自以为是、想当然、充满幻觉、兴趣单调以及内心孤僻等。这就要求高校加强相关方面的教育和辅导。同时也给高校教育的管理工作带来一定程度的困难,如果高校教育全部采用信息化管理方式,则一些根本的问题比较难解决。如学生的思想教育管理工作、高校教育的道德教育等。总之,高等教育这种网络化的特性将给高校教育管理带来一系列的变化,高校一定要加强认识,预计到网络化背景下高等教育管理将要面临的问题,制定和完善相应的措施,比如对于教育版权的规定等,使高等教育能够尽快地、顺利地适应这种变化。

## 三、国际化

在经济全球化深入发展的背景下,高等教育的国际化已从单纯的教育交流转变为国家发展战略的重要组成部分,成为推动教育现代化和提升国际竞争力的关键路径。① 近年来,全球政治经济格局的深刻变革和数字技术的迅猛发展,为高等教育国际化赋予了新的内涵,也带来了新的挑战。我国在积极参与全球治理体系改革的过程中,高等教育作为软实力建设的重要载体,正面临着前所未有的机遇与挑战。

当前,高等教育的发展已超越传统知识传授的单一功能,向着培养具有全球视野、跨文化沟通能力和创新思维的复合型人才转变。在人工智能、大数据等新技术革命推动下,科学素养与人文精神的融合显得尤为重要。传统的专业划分和职业导向培养模式,已难以适应学科交叉融合和产业变革的需求。特别是线上线下融合的教育新模式,

---

① 刘金文.高等教育管理在教育国际化发展下面临的困境及其出路[J].经济研究导刊,2019(23):186—187.

对课程体系、教学方法和评价标准都提出了革新要求。高等教育质量观正在发生根本性转变,从注重规模扩张转向强调内涵式发展,从统一标准转向多元评价,这些变化迫切要求管理理念和模式的系统性创新。

随着"放管服"改革的深入推进,我国高等教育管理方式正在发生显著变化。行政审批事项持续精简,法治化、规范化程度不断提升。与此同时,数字政府建设为教育治理现代化提供了技术支撑,大数据、区块链等技术在学位认证、质量监测等领域得到广泛应用。在办学体制方面,中外合作办学呈现出新的发展态势,从规模扩张转向质量提升,涌现出一批示范性高水平合作办学机构和项目。这些变化促使高等教育治理体系向着更加开放、包容的方向发展。

全球人才竞争态势在近年来更趋激烈。主要发达国家纷纷调整移民政策,推出更具吸引力的人才引进计划。特别是在人工智能、量子科技等前沿领域,高端人才的跨国流动更加频繁。我国科技创新能力的提升和产业升级步伐的加快,对具有国际竞争力的高层次人才需求日益迫切。这不仅体现在STEM(即科学、技术、工程和数学教育)领域,也包括精通国际规则、具备跨文化领导力的复合型管理人才。高等教育作为人才培养的主阵地,必须主动适应这种需求变化,优化学科专业布局,创新人才培养模式。

数字化转型正在重塑高等教育的国际竞争格局。元宇宙、生成式人工智能等新技术的兴起,推动跨境教育形式不断创新。虚拟交换项目、在线学位课程等新型教育模式打破了时空限制,使教育资源的全球配置更加高效。同时,数字鸿沟问题也日益凸显,如何确保教育公平包容发展成为国际社会共同关注的议题。我国高校在推进智慧校园建设的同时,也在积极探索数字化时代教育国际化的新路径。

在全球治理体系变革的背景下,高等教育国际交流合作面临新的机遇。国际教育合作持续深化,合作领域不断拓展,形成了更加立体多元的合作网络。气候变化、公共卫生等全球性问题的凸显,使跨国科研合作和人才联合培养显得尤为重要。我国高校积极参与全球教育治理,推动学历学位互认、质量保障标准对接等工作,为构建人类命运共同体贡献教育力量。

我国高等教育必须立足新发展阶段,贯彻新发展理念,构建新发展格局。一方面要坚守育人初心,扎根中国大地办教育;另一方面要以更加开放的姿态参与全球教育合作,提升国际影响力。在管理创新方面,需要进一步健全现代大学制度,完善内部治理结构,激发办学活力。在质量保障方面,要建立与国际接轨又具中国特色的评价体系,推动高等教育内涵式发展。在数字化转型方面,要把握技术革命机遇,创新教育模式,提升治理效能。只有主动适应变革,才能在全球教育格局中赢得更大的发展空间。

展望未来,高等教育国际化将朝着更加多元、包容、可持续的方向发展。我国高等教育要准确把握时代脉搏,统筹国内国际两个大局,在服务国家战略和促进人类文明进步中实现更大作为。通过深化综合改革,创新体制机制,不断提升教育质量和国际竞争力,为建设教育强国和推动构建人类命运共同体做出新的贡献。

# 第三章 高校教育管理创新性发展的策略

## 第一节 坚持创新理念

### 一、统筹理念

统筹作为一个由数学衍生出的系统科学概念,指的是事物发展或行为执行过程中规划、引导、服务和扶持的完整的过程体系。政府统筹就是站在事物全局的角度思考,洞察事物,进行工作谋划、整合协调来服务全局。不顾此失彼,不因小失大,使整体协调,布局合理,利益均衡,人文和谐,思想协同,工作得力。那么政府对高等教育的统筹也就可以围绕这一概念展开,即政府统筹规划、统筹引导、统筹服务和统筹扶持。

1.统筹规划方面:对高等教育发展的速度、规模、质量、结构进行宏观管理,促进管、办、评分离,形成政事分开、权责明确、统筹协调、规范有序的管理体制。对学校布局、学科专业设置、学位授予点和继续教育进行发展规划;统筹研究生教育、本科教育、高等职业教育和高等继续教育;构建层次分明、类型多样、特色鲜明、充满活力的高等教育体系。

2.统筹引导方面:建立高校学科分类建设体系,实行学术发展分类管理;创新高校人才培养模式,提高高校人才培养质量和深度;加大对高校学术的监督和审查;统筹推进各级各类高等教育协调发展;统筹城乡、不同区域间高等教育协调发展;统筹编制符合要求和国情的高等教育办学资质、教师引进、招生质量等多项标准。

3.统筹服务方面:深化高等教育综合创新,推动教育事业科学发展,必须以"三个满意"为出发点和落脚点,在关心国家命运、服务国家战略上有所作为,让党和国家满意;在勇担社会责任、满足社会对创新高等教育不断提高的要求上有所进步,让广大人民群众满意;在坚持以人为本,实现好、维护好、发展好学校广大师生员工根本利益上有所建树,让广大师生员工满意。引进国际创新教育资源,提高中外合作办学水平。

4.统筹扶持方面:落实扩大高等教育办学自主权,完善我国特色现代大学制度,完善高等教育惩治和预防腐败体系;统筹健全以政府财政支持为主,社会捐助、资助教育经费,有限度自主探索高等教育市场化稳定增长的机制;建立地方政府所属高校的教育职责评价制度;探索建立政府督导高校机构职责运转的机制。

管理体制和运行机制的重大变革涉及组织架构、权责划分、运行规则和利益调整等诸多方面,内涵十分丰富,是一个系统的制度安排。这都需要政府统筹来部署和实施。

## 二、参与理念

我国高等教育从中华人民共和国成立初期的"精英"教育走向"大众"教育,是我国政治、经济、文化和社会环境变化不断适应的发展历程,是我国政治体制创新不断深入的体现,是社会主义市场经济创新深入人心的要求,是社会开放文明的自我需求,是我国文化传承自我提升的动力源泉。

社会参与高等教育管理创新的必要性主要有四个方面:一是从高校的系统性和开放性来看,高等教育作为一个系统要生存和发展,不可能封闭自我。高校需要汲取自身生存发展所需要的资源,无法忽视与社会普遍联系的客观事实。高校应立足于扩大高校的开放性,融入我国国情的现实社会中,建立社会参与高校管理的机制。二是经济和社会生活方式的重大变革使高等教育的大众化普及程度在不断加大,继续教育、职业教育等终身学习教育制度的不断深入人心,极大地刺激了社会参与高等教育的意识。三是激烈的市场竞争环境下,对人才的需求和竞争成为市场主体生存的关键。市场竞争主体例如企业已经以极大的热情加强与高校的合作,参与高校教育的具体实践,寻求满足自身需要的合格人才。四是高校自主化办学带来的就业压力和经费支出以及后勤社会化等创新也需要得到社会的支持。

社会参与高校管理的内容主要包括:一是社会参与高校决策,高校管理创新需要吸纳更多智慧和力量,确保高校的决策体制、运行方式、机构设置等内部事宜得到民主、科学的监督、反馈和建议,社会参与的重要性不言而喻。二是市场权利对高校权利的影响和制约使社会高校管理的具体事务的参与越来越深入。高校的专业、课程设置不断重视市场需求,高校毕业生就业市场要求高校教育管理贴近社会现实,高校内部事务信息公开也成为趋势等。三是高校的社会服务功能使社会参与高校教学科研等高端领域。高校与企业的合作正是社会参与的表现,我国高校要认清现实发展要求,提高社会服务功能,树立社会服务意识,把社会参与作为自身管理创新的重要内容,实现科技成果转化,提高社会知名度和权威性,满足社会需要的创新目标。同样,高等教育的需求多样性、高等教育的社会中心化以及高等教育经费来源的渠道多元化要求社会参与,这不仅是高等教育发展的共同趋势,还是实现高等教育内部管理的重要保证。

### 三、公共利益理念

公共利益是指公众的、与公众有关的或为公众所需要的利益。

公共利益是指国家和社会占绝对地位的集体利益,而不是狭隘或专门行业的利益。公共利益产生于人与人之间的社会联系,是公民个人利益的价值取向,代表着长远的、共同的、整体的个人利益。高等教育的利益主体可以分为国家利益、团体利益和个人利益。国家利益是指国家从高等教育的发展中获得的人才培养、科技技能输出的利益。团体利益是指高等教育办学的各种权利主体在博弈过程中获得的权利利益。个人利益是指参与高等教育过程和活动中的个体获得的参与权、保障权和结果权的权利利益。这三种利益主体只是基本利益和直接利益,如何协调利益冲突和分歧,寻求整体利益最大化,这就是公共利益取向的理念所在。

公共利益正当性的基础是一定社会群体存在和发展。受教育权是公民基本权利。因此,保障公民的受教育权利成为公共利益取向的共性特征。高等教育的社会服务职能是公共利益至上理念的具体体现,这需要由国家法律作为保障。高等教育作为公众受教育权利的组成部分,受教育群体的数量、受教育群体的文化程度的影响已经具有社会普及性和公民自主性,因此,高等教育创新的公共利益取向能够满足国家利益和个人利益的诉求。

高等教育管理创新涉及社会公共资源和经费的使用和调配,影响社会成员的共同利益,创新的成果需要全社会共享。高等教育创新的公益性具有公共性、社会性和整体性,包含国家层面的经济利益、文化利益、政治利益、文明利益,也包括社会层面的经济利益、文化利益、政治利益,还包括个人层面的物质利益和精神利益。追求公共利益是高等教育管理创新的核心价值理念,是我国特色社会主义高校创新的前提和出发点,是调和权利主体追求共同目标的指导原则。

## 四、质量至上理念

高等教育创新理念是与时俱进的时代产物,其中质量至上的理念源于首次世界高等教育大会的两份重要文件;作为其中的核心理念,联合国教科文组织认为高等教育质量是多层面的概念,概念涵盖了两方面内容,一方面是"层次"的问题,指的是高等教育质量是多层次的质量的统一体;另一方面是"方面"的问题,指的是高等教育质量是多方面的质量的综合体。

高等教育的系统类型通常被划分为研究型高校、教学研究型高校、教学型高校和高职高专高校。每个层次的高校所追求的质量标准和人才培养方式以及学习理念都是有差别的,这种差别本来是基于学科、专业、学术自身特点而形成的不同的质量要求。随着高校社会资源的有限性分配和政府资源集中性支配的模式演变,我国高校分门别类的层次出现了雷同化和趋同化特征,高校教育质量的层次差异化被高校自身建设发展所消弭。但社会发展过程中的社会分工和资源专属性越来越明显,对高校教育质量层次的需求面被极大地拓宽,高校教育质量层次化不明朗造成了高校就业环境恶化。解决高等教育质量层次化发展的途径除了政府统筹外,最重要的是高校自身定位。高校历史积淀文化内涵,文化内涵塑造高校人文,高校人文成就高校精神(即校训),高等教育创新中的按教育规律办学就是对高校文化传承和高校人文环境自主办学的认可。高等教育多方面质量包括学生的质量、师资水平,还包括图书馆的利用率、学术讲座的质量水平、学校后勤质量服务状况以及学术环境的自由民主氛围等。

这就需要高校树立质量至上的学习理念,从教学目的、师生角色、教学内容、教学模式、教学方法、考试方法、教学观等多方面进行改进。例如提升学生的社会责任,注重决策观念和技能培养;以学生为本,重视知识的接受和应用及主观能动性发挥;发挥学生的主体学习地位,主动探索学习兴趣和努力方向;加强教学内容的基础性,提高教学内容的深度和广度;发展学生个性,激发学生的发散性思维和创造性思维;激励合理竞争,活化教学方法,注重社会实践;拓宽学科的社会研究对象,关注科学前沿知识,拓展学生眼界,提高学生应用知识的能力,用知识质的提高应对量的增加。

## 第二节 把握职能定位

### 一、突出育人

推动高等教育内涵式发展首先需要处理好人才培养与科学研究的关系。人才培养是高等教育的根本使命,在四大职能中居于核心地位,包括科学研究在内的高校一切工作都要服从和服务于学生的成长成才。人才培养的是人才素质,即"德智体美劳"。大学的核心功能是培养全面而自由发展的人才,塑造符合我国发展的社会主义建设者和接班人,这是我国高校现代化建设的社会使命和至上原则。实现核心功能的途径便是知识传授,因此二者归纳为教书育人。"大学之道,在明明德,在亲民,在止于至善。"培养专门人才是高等教育的本质特征,突出创新能力培养,进行科学素养和人文素养的融合,造就全面发展的人才。

首先,建立以学生为服务之本的高等教育质量评价体系,把高等教育的传授重心放在学生身上,从关注学生成长和体验出发,通过学生自主学习知识和全方位考察评价授课质量等确定为高等教育教学评价考核的重要内容,培养学生的开拓精神、竞争能力,使学生具备复合型知识,满足市场经济发展的需要。其次,高校教师有必要参与社会实践,加深自身与社会需要的亲身体验,打破高校教育内部自我封闭的认识局限。高校教师的社会需求体验和实践一方面可以提高教师解决实际问题的能力,丰富教学素材,将社会急需技能传授给学生;另一方面可以使教师和学生对社会需求的认知更为切合实际,注重学生创新能力观念的培养、终身教育观念的培养、基本学习能力观念的培养,以学生为本的教学创新。最后,高校必须研究社会需要的各级、各类、各层次人才的素质结构和能力需要,为人才的社会输出提供品德培养、技能服务、智力保障、素质完善,实现知识价值的社会转化效能,实现科学技术是第一生产力的理论与实践的无缝对接。

## 二、注重科研

高等教育的职能是在社会发展需要的基础上形成的,是社会赋予高等教育的任务和职责,是高等教育与社会之间关系的集中体现。科研工作指导方针:自主创新,重点跨越,支撑发展,引领未来。高校作为我国科技创新的主力军,是科研竞争的前沿阵地。高校科研输出是确保高校人才培养、社会服务和文化传承职能的重要保证。

高校科研输出的最大化取决于高校科研管理人员的自身素质建设。自身素质建设涵盖知识素质、管理素质、伦理素质和服务素质等,这都需要高校完善的科研培养培训机制作为保障,赋予科研管理成果转化享有权,激励科研输出的主动性。科研管理职能在通过社会输出实现科技转化的过程中需要努力实现四个能动,即能动策划、能动组织、能动跟踪和能动管理。强化科研课题设计和项目申报策划,强化科技成果转化和报奖的策划意识,强化科研部门跨学科的创新团队组建,强化社会合作企业的技术成果转化平台推广,强化科技推广的跟踪机制,强化基础研究与应用研究的有效融合。高校需要牢固树立人才培养必须以高水平科学研究为支撑的观念,鼓励教师重点开展有利于提高教学质量、推动理论创新、服务经济社会发展的科学研究,并将研究成果及时转化为教学内容;还要正确处理好科研与教学的关系,树立科研为教学服务,科研和教学为社会服务的意识,提高高校的科研实力,提升学校的知名度和学术声誉。

## 三、坚持个性发展

从本质上讲,大学管理是知识和科技的创造性组织,尤其是在我国高等教育管理创新的社会环境形势下,大学管理需要开拓进取的创新精神。只有创新精神才能塑造和铸就具有内涵式发展的高校,从而培育出个性化发展的个体和团体。

从个体层面来讲,学生乃至教师,需要保持个人的思想独立、学术自由、民主平等。个性不仅是个体的整体精神面貌还是个体独有的心理特征,个性发展是个体独特性、创新性和主体性的实现过程。首先,高校个体培养理想、健全人格。在个体的短期目标、中长期目标和远大理想树立和实现过程中,将个人价值、社会价值融于一体,通过高校文化载体和学术载体输入和输出,经过高校个体的努力奋斗和高校平台的支撑,致力服务国家和社会。培养集体荣誉感、团结合作精神、努力拼搏意识、热爱生活态度、严谨求知志向、无畏探索倾向、全面发展思路等个性心理特征,培养人文素养、社会责任、道德良知、兴趣爱好、体育活动等社会人格要素。其次,高校个体培养创新意识和创新能力。个性发展是创新精神的基础,创新精神的目的是以人为本,以人为本的核心是个性发展。经过对高等教育知识的接触、传授、探索和考究,高校个体结合个体的兴趣和喜好,通过对知识真理的探求,势必注入创新活力,增强创新意识及能力,高校个体的事业心、责任感和使命感便在个性的培养过程中自然而然形成。再次,高校个体拓宽眼界、开阔思域。高校个体借助高校知识平台和高等教育交流计划,能够把握世界最先进知识的发展动态,了解人类发展困境中的障碍,接受国内外先进思想知识的洗礼,总结归纳个体立志追求的方向,树立个体崇高的理想。最后,高校个体活力四射、自我约束。高校个体在身心健康发展的同时,抵御社会思潮的诱惑,增强自我约束,注入时间和精力,运用年轻活力和创新精神,争取个人价值的实现和社会价值的体现。

从学校层面来讲,高校需要凸显自身的教育特色和增强人文底蕴。一是丰富高校自我精神。挖掘高校的历史文化传统,吸收现代大学的办学理念和思想精华,传承高校精神,明晰高校使命。二是树立高校独特观念。秉承高校校训,加强每届师生的校史教育,学习高校学术大师、学术大家的人格魅力和开创精神,尊重师德,传承高校先辈的奉献精神和学术追求,强化本校的责任感、荣誉感。三是健全高校文化制度。完善高校办学章程,推行制度创新,将高校精神和高校行为文化融入制度设计中,体现到师生行动中,用制度督导高校文化的自我渗透。四是完善高校标识建设。充分利用高校的校旗、校徽等文化符号的视觉效果,制定高校标识使用规范,开发设计高校独特的文化产品,如高校信笺、邮票、台历、纪念品、纪念册、公文样本模板、校务公示样板、高校录取通知书、成绩单和奖励证书等。五是创新高校文化载体。借助高校举办的校庆、运动会、毕业典礼、新生入学等活动,弘扬和传播高校独特文化内容。创建高校品牌的学术讲座和高校名家论坛,丰富高校文化内涵建设,通过高校文化载体如网络论坛、图书馆、教学楼、校舍、校内微信、学生社团等营造高校全面丰富而又个性鲜明的文化氛围。

## 第三节 保障运行机制

### 一、优化机制设计

决策体制是运行机制高效的前提和基础,优化决策机制高效运行的顶层设计,就是要探索大学决策体制的范围、决策内容以及决策实施的方式,决策体制要服务高校办学定位和大学精神,决策内容要围绕大学办学自主权和办学风格等宏观层面,决策实施要配合管理制度和大学章程的具体规定,决策机制要结合高校内部权利运行机制而布置安排。其中学校办学模式和办学水平的确立是决策的核心。

行政化高校管理模式下,大学决策体制是高校政治权利与行政权利统一成高校党委领导下的校长负责制。同时高校内部决策系统主导高校发展,也是基于科层制的管理模式,实行"校—院—系—室"四层管理,部门负责人实施行政长官负责制,隶属关系明显,形成行政权利运行的组织结构。政府主导的高校决策体制,高校内部运行来自政治权利意志,高校内部评价标准和依据也是政治权利价值标准和权利价值依据的再现。我国高等教育创新正是基于创新行政化高校管理决策体制和建立现代大学制度的出发点进行,"探索建立符合学校特点的管理制度和配套政策,逐步取消实际存在的行政级别和行政管理模式"。为了解决党委领导下的校长负责制决策体制带来的政治权利和行政权利泛化,规范权利运行,推行专家治学,鼓励决策参与,需要重构高校内部决策体制。

首先,完善高校党委领导下的校长负责制,深化为高校决策联席委员会和校长负责制两个决策体制。高校党委和校长的民主集中制决策体制可以深化为高校决策联席委员会和校长负责制两个决策体制,避免政治权利和行政权利的混淆。高校党委作为学校政治权利的核心,其权利来源于国家,在高校中处于统治地位。我国高校党委肩负重任,统一领导,主要是把握正确的高校办学思路,确定高校办学目标,明确高校办学任务,体现出我国高校的四大职能,实现高校的内涵式发展。高校决策联席委员会以高校党委为主导,由高校内部各团体和部门的党员构成,职责很清晰:遵守大学章程,把握高校方向、抓好大事,做好协调沟通,该委员会不参与、不干涉高校内部管理,只负责行政权利越权纠正(大学章程)、学术权利与行政权利调和、政治权利问责权行使。我国高校校长作为高校的法定代表人,在高校章程的明确界定下,积极行使行政职权,全面负责高校的内部管理和组织建设。

其次,提升学术权利,体现大学精神。我国高校决策体制的健全最重要的课题是培育学术权利的权利地位,成为行政权利的平等制衡权利。学术权利的主体是学者,按照大学章程,保护学者个体学术权利的学术自由,使学者成为自身学术工作的主导者和发起者,不依赖行政指导,靠学术实力奠定自身学术权威。根据高校章程,建立自我评价和选拔机制,实施扁平化、非集权、松散的自主管理模式,通过学术机构(三会)即学术委员会、学位委员会和教学委员会来主导和行使高校学术权利,实现学术自由。

最后,推动制度创新,树立大学章程的崇高地位。民主和法治是时代进步的标志,更是大学发展的基础,建立现代大学制度就是要保证大学的学术自由,营造兼容并蓄、和而不同的学术环境。大学章程是高校的最高法则标准和权利界定规范,是现代大学制度的最重要载体,是协调高校政治权利、行政权利和学术权利的关系和纽带,涵盖信息公开制度、质询制度、人事罢免制度、问责制度、激励制度。针对高校校长负责制下的决策体制,需要贯彻依法治校、民主管理的原则,这是社会主义政治文明在大学的集中体现。具体表现为:第一,行政决策主体参与多元化。广泛鼓励高校师生参与学校的发展和建设,使决策科学化、规范化和专业化。扩大高校教师的权利,使教师拥有自主治学权和参与决策权等相关权利;提升学生在高校内部管理中的地位。学生是大学决策的相关利益者,学生应该而且有能力参与决策;适当削弱行政人员的权利。充分吸收校外各界人士参与高校决策,实现大学管理民主化和治理多元化。第二，决策过程参与民主化。推行校务公开，既要公开决策过程还要公开决策结果。根据大学章程管理办法对凡涉及师生员工切身利益、需要师生知晓以及高校管理规章制度等事项，均应通过高校的网页、校报、公示栏、微信等媒体媒介及时准确公开。第三，决策反馈沟通协调。建立决策事前意见征集、决策流程沟通、决策意见诉求归集、决策结果反馈改进等机制；保持信息沟通顺畅和回应解答及时。

## 二、营造机制外部环境

机制高效运行环境的构建主要着眼于两个关系的处理：一是与政府的关系，二是与社会的关系。和谐外部关系的营造一方面要弱化政府与高校的关系。首先，从高校的本质属性来看，政府与高校的监管与被监管的角色定位需要重新审视。高校是国家教育发展的重要组织，基于高等教育事业的公益属性，政府作为国家的管理机构必须对高校进行监管。政府监管权与高校自主权是我国高等教育管理中的一对矛盾体——过多监管势必扼杀高校自主权，过分放权也将难以保证高校发展的正确走向。为了实现政府监管权与高校自主权之间的适度平衡和职责定位，需要弱化政府在高校发展过程中的直接监管权力，将其转换成契约形式的制衡监管。

现代政府理念主张有限政府、法治政府和服务型政府，目前我国正处于事业单位改革的攻坚阶段，我国高校按照事业单位类别划分，承担高等教育等公益服务，被划入公益二类。这就意味着高校的公益属性和市场属性需要被同等重视，要发挥市场配置资源在高等教育发展中的作用。在市场经济条件下，高校中的市场因素已经开始显现，如教授聘用的费用标准已经远远超过政府对高校教授事业单位编制工资的限制。同时，高校也不能被市场掌控，不能完全推向市场，不能失去作为培养高素质人才的公益目的性。为了保证高校发展不背离社会发展的初衷，最终实现国家人才培养计划的国家利益，政府对高校的监管是必要监管。必要监管体现为由政府直接管理转为间接管理，由微观管理转为宏观调控管理，由严格从属地位管理转为平等契约制衡管理。政府通过明确的权利和义务内容来监督约束高校，就可以达到政府与高校的适度平衡。

为了确立高校学术权利本位，实现高校行政权、学术权和民主管理权相互制衡和监督，改变高校作为政府附属机构的历史地位，转变教育行政管理职能。政府不能将其行政权力触及高校的内部管理事务，政府需要充分尊重高校的独立主体地位。政府需要在高校自主权的约束方面就教育目标、教育质量、人才培养、教育经费等方面进行详细规定，允许高校自主制订教育计划、自主开展科学研究、自主确定内部机构设置和人员、自主管理和使用财产。政府对高校的管理主要职能是制定高校教育发展规划、进行宏观调控、提出指导建议等，不干涉高校内部事务，从而形成合作关系。有的学者认为市场经济环境下国家对高等教育的干预和调控活动是市场调节机制的一个必要补充手段，其目的是完善高等教育的管理体制和运行机制，其性质是属于宏观性的第二次调节。

营造和谐外部关系的另一方面是要密切高校与社会的关系。高校作为知识组织，其职能在于通过教学传承知识，通过科研创新知识，通过社会服务应用知识；传承知识、创新知识、应用知识都是服务于学生和社会。塑造学生人性、完善学生人格、培养学生技能从而为社会发展提供智力支持是大学的崇高使命。高校的外部运行机制包括政府、家长、社区、教育机构和就业市场等多种因素对高校发展和决策的资源交换和流通，在独立政府作为高校产权代理者的身份属性的前提下，弱化政府与高校的关系，高校通过何种方式和办法加强其他社会资源的获得和输出成为高校发展的集中指向。

高校与社会的关系在不同的社会发展过程中呈现不同的表征，从农业时代的社会体系之外到工业时代的社会体系边缘再到知识经济时代的社会中心，高校与社会互动发展、渗透结合、共赢共存，其根源在于二者的交集。高校的科技创新和人才优势能够形成产业化和信息化，这恰恰满足了社会自身需求，在社会区域经济发展、产业科技进步和谋求发展的基础上产生互动，互动的内涵包括合作项目、教育基地、继续教育工程、工程研究中心、远程教育、科技园、绩效技术和管理理念等多方面。高等教育不断适应社会发展的要求是二者互动的动力基础，合作共建联合机构是二者互动的运行保证，通过政治、经济和法律手段进行调控落实。现代社会与高校的关系概括为社会需要和资源输送来满足高校内部发展的需求，高校秉持开放、自由、民主的精神充当社会前进的精神导师。

但是高校与社会的密切联系是建立在高校独立自主办学的前提下，即高校是为社会服务的教学科研中心，不是社会中企业的一分子，高校办学自主权、财政自主权是基于政府投入和问责调控，不会用市场规律来主导高校发展，高校对国家和社会的文化和精神等无形资产以及基础知识研发和社会公共利益至上的教学理念是大学所必须坚守的阵地。与此同时，社会对大学的认同和资源的投入是有条件的，要求更多的社会参与和决策反馈。

高校与社会的这种"若即若离"的良性互动关系可以表述为："若即"是高校与社会密切联系,互融互洽;"若离"是思想、理智活动的独立和对高校外部运行机制保持相对独立。高校与社会的良性互动主要表现为：一方面,社会是高校的外部环境和基础,高校以社会为存在前提,汲取社会文化和社会资源完善自身;高校的人才培养和科技输出对象是社会,满足社会需要和人类发展为社会价值追求。另一方面,高校作为社会的中心力量,指导社会体系的健全和完善,同时接受社会体系的适度介入和环境影响。

我国高等教育管理创新中的运行方式需要接纳高校与社会的"若即若离"的良性互动关系。高校毕业生要在生源市场、教师市场和院校市场中保持竞争力,必须提高学术质量,采用最有效的学术管理办法,否则就会面临生存的危机。考虑到学术知识的复杂性和动态变化性,我们认为在竞争性的学术市场中专业的自我管制仍可能是最有效的保证学术标准的方式。同时社会获得融入高校教育的知情选择权、参与权,能够从多层面和多角度参加高校决策和高校管理的具体工作完成平等地位的参与权,使个人和社会利益与高校团体利益形成利益共同体,促进高校与社会的和谐发展,形成开放、负责、包容和平衡的互动状态。

## 三、建构机制内部设计

在高等教育管理创新运行方式的关系理顺中,高校内部关系是创新成功的重要保证。大学管理根本上是以学术为中心的管理,其目的是促进学术的发展。学术管理的基础是学术思想的自由和探索的自由,发挥学术权利的主导作用,贯彻学术自由、民主管理的原则,在大学内部营造民主、宽松的学术氛围,为科学创造提供良好的学术环境。理顺大学内部关系主要是协调行政权利和学术权利的关系,落实高校办学自主权,遵照大学章程,依托高校内部合理的机构设置,实现高校善治。从本质上来讲,理顺高校内部关系是多中心化治理过程。

首先,健全和完善大学章程。大学章程是高校内部权利运行的法制基础,既是大学内部权益相关者的制度化规范文件,也是大学管理运行的纲领性指导文件。大学章程必须对高校内部政治权利的问责权的行使、行政权利行使管理权的界定、学术权利行使专业权和市场权利行使参与权等相关制度性规定进行落实,为高校管理创新提供法律依据。其次,优化高校内部决策权利结构,确保学术权利在学术管理的主导作用。明确"三会"(学术委员会、学位委员会和教学委员会)的具体职责,行使学术范围内的决策、管理、监督、实施和咨询职能,加强"三会"组织建设、人才建设、制度设计。建立质量为上的学术评价制度,建立公开、透明、公正、严格的聘任、晋升、科研激励制度,让学术管理回归学术本位,凸显严谨求实的学术态度和风气,确保学术评价活动的独立自主和评议。最后,完善大学校长负责制,提高行政管理水平。依据大学章程,完善并规范大学校长行政权利的行使范围和权限,使其专注于服务学术、服务学生和服务学校的目的。大学校长拥有教育管理能力和现代管理能力,以及对大学行政事务的全权处理的权利,接纳吸收市场权利的决策参与咨询、意见反馈,公平处理校务与学术的从属与主体定位纠纷,尊重学术、尊重教授、重视人文建设;促进高校内部组织机构设置扁平化,提升行政管理人员的服务意识和业务技能水平;完善高校人事制度、后勤管理制度、财务管理制度、信息管理制度等行政管理具体制度。

# 第四章 高校教育管理创新性发展的实践

## 第一节 高校教学课程管理创新

### 一、增强课程管理意识

增强管理人员的课程管理意识,具体来说,可以通过以下方式进行:

第一,要纠正管理者的思想偏差,提高其思想认识,改变以往完全自上而下执行国家教学计划、教学大纲和教材编订的做法。在人才培养过程中,要自觉地、积极地面对社会需求,认真设计人才培养总体方案,及时制定和调整培养目标,慎重选择和组织课程内容并精心组织课程实施;要认识到课程开发者不仅仅是课程专家和学科专家,教师也是课程决策和课程管理的参与者,是课程的开发者。

第二,要利用学校的报纸、网络等媒体宣传课程管理的重要性,介绍课程管理理念及课程管理的有关知识,营造一种关心课程管理、关心学生成长的良好氛围。把课程管理理念转化为实际行动,主动进行课程管理,增强课程管理意识,明确课程管理内容,使课程管理与课程改革、人才培养模式改革相互协调、相互促进。

第三,要通过讲座、研讨、专题研究等形式,加强课程管理知识和技能的培训,提高解决课程管理问题的能力。

第四,要赋予课程管理者更多的管理权利和责任,使其更多、更主动地参与课程计划或开发管理、课程编制管理、课程实施和评价反馈管理等环节。及时发现并解决这些环节中出现的问题,让课程管理者领会课程的生成性、实施的情境性,为课程有效地实施积极创造条件。在实践中增强其课程管理意识,因为主动参与社会实践活动是人的意识的重要标志。

## 二、深化课程管理理论研究

在课程管理过程中,如果仅凭积累的知识和经验来实施管理,那么管理工作具有很大的狭隘性和局限性。必须通过科学的理论来做指导,才能达到更好的课程管理效果。

没有科学的理论做指导,课程管理工作会陷入盲目,不可能取得高效。因此,必须深化课程管理研究,促进课程改革的深入和课程管理的科学化,使课程理论不断走向成熟。

对课程管理进行理论研究,必须弄清楚课程管理的基本领域和课程管理独有的研究领域。课程管理研究的基本领域主要包括课程生成性系统、课程实施系统和课程评价系统管理。然而,传统课程管理因为注重实效性,往往比较注重课程实施系统管理和课程评价系统管理,致使课程生成性系统管理的研究成为我国教育理论研究领域的一个空白,而它却是课程管理中最基本、最核心的问题。现在一些学者开始对课程生成性系统管理进行专门研究,并取得一定的成果。另外,我国课程管理研究者的研究应与实践相结合,由重基础理论研究转向应用性研究,加强对应用过程中管理原则、操作规范、方法和技术的研究。在深化课程管理理论研究的同时,要把研究成果运用于课程管理实践,理论的深化和发展也需要实践的检验与支撑。要做到理论与实践相结合,及时发现并解决课程管理过程中的具体问题,使课程管理理论更好地指导课程管理实践,从而进一步丰富课程管理理论,不断提高课程管理水平。但值得注意的是,课程理论与课程管理理论之间有交叉的地方,不过二者有着各自的研究对象和研究领域,并不能等同。

## 三、健全课程管理体制

课程管理体制的建立是课程管理规范化的表现,关系到课程改革的全局。因此,必须建立科学合理的课程管理体制,促使课程管理系统有效运转,促进课程的改革与发展,提高课程整体质量和人才培养质量。

目前,课程管理权逐步下移,初步实现了高校课程管理自主化,学校在课程管理方面不像过去那样机械地、被动地接受上级的命令,执行上级的安排,现在拥有了很大的发挥空间。可以根据教学需要,自行制订教学计划、编写和选用教材、组织实施教学活动等。虽然如此,但我国的管理体制基本上是国家、地方、学校三位一体的管理体制,国家与地方管理基本属于宏观管理,学校管理属于微观管理。学校管理又分为学校与院(系)两级管理体制,其中院(系)二级管理层对课程的管理更贴近实际。

要深化分级课程管理体制改革,明确政府、高校及相关部门的职责和权限。政府应发挥主导作用,一方面要将课程管理权重新分配,确保高校课程管理的自主权;另一方面既要增强政府的宏观调控作用,又要设置相应的中介机构,承担主要的协调任务,同时还要突出政府的服务、督导作用,弱化监控职能。学校要健全校院(系)课程管理体制,对课程生成、课程实施、课程评价的管理做出明确规定,建立民主科学的课程编制管理制度,请课程专家、教师、领导、学生甚至家长参与课程设置标准、教学计划、教材及相应的课程资源材料等方面的编制;建立富有柔性的课程实施管理制度,以适应不可能完全按部就班进行的、非常复杂的课程实施过程;建立完善的课程评价管理制度,及时发现课程方案、课程实施中的问题并进行调整和完善。另外,要明确教师的课程实施权、课程创设权、师生共同参与权,对教师、学生参与课程发展的权利从制度上给予明确规定;要根据上级政策和自身实际对校本课程的开发、计划、实施、评价及与之相关的因素进行有效的管理。值得注意的是,强调学校与院(系)两级管理,绝不能忽视国家与地方的宏观管理;强调学校与院(系)两级管理,要避免课程管理由中央集权变为学校或教务处集权,协调好各种关系,充分调动教师、课程管理者、学生等各类人员参与课程管理的积极性与自觉性。

## 四、实现课程管理手段多样化

课程管理的成效有赖于课程管理手段的选用,只有选用合适的管理手段,课程管理主体才能作用于课程管理客体。为提高管理的效益,必须实现管理手段的多样化,进行灵活的课程管理。一方面,要发挥行政管理手段的优势;另一方面,要改变我国以单一的行政手段进行课程管理的局面,减少行政命令,采取多样化管理手段,选用适当的科学方法和先进的技术手段,加强其服务和咨询作用,进行有效的管理,促进课程管理民主化。如充分发挥考试和监督在课程管理中的作用;引入并加强技术服务与咨询手段;注意使用民主、共同参与的管理手段;运用调查、统计、测量等技术手段分析并解决管理中出现的问题;恰当运用经济和市场手段;等等。

## 五、促进课程管理民主化

实现课程管理人员多元化,特别是要让教师、学生参与课程管理,促进课程管理民主化。课程只有通过教师才能最终为学生所接受,教师是课程的创造者、实施者、研究者,他们有着教什么、怎么教的决定权。课程是否为学生所接受,除了教师教得如何外,还在于课程能否满足学生的兴趣爱好、就业需求,能否有益于学生的个性发展、能力提升。因此,理应给予教师和学生课程管理的权利。他们是课程管理的对象、课程管理服务的对象,又是课程管理的重要主体;有师生参与课程管理,对课程的监督会更加到位,课程管理会更有成效。除教师和学生外,还应请相关专家、学者参与课程管理,使课程管理工作更好地开展。

## 六、优化课程管理队伍

为提高课程管理的整体效益,必须解决课程管理队伍问题,优化课程管理队伍。

首先,要实现高校课程管理人员多元化,注重学科专家、课程专家、教师、社会人士及学生的参与,打破传统的由上级行政单一化管理的局面,对课程实现全方位的监督,极大地促进高校课程管理质量的提高。当然课程管理整体效果的实现还需要管理人员之间的沟通与协作。

其次,高校课程管理不同于行政管理和企业管理,有很强的学术取向。所以真正有效的课程管理队伍,应该以那些具备扎实文化功底,能够熟悉课程的生成、实施和评价的原理及方法的专家为主。只有建设这样的课程管理队伍,才有利于课程改革的不断推进。

最后,应重视课程管理队伍建设。参与管理人员的能力与素质高低影响课程管理的效果,应依据能力不同实行管理的层次化。在大力提高教师专业化水平的同时,高校还要提高课程管理人员的专业化水平。把加强管理队伍建设纳入学校建设规划,建立常规的培训、培养制度,进行专门培训。通过培训,促使课程管理者形成正确的教育思想和科学的管理理念,增强课程意识,提高对管理过程的理解能力、实践能力和驾驭能力,掌握专业化的管理与服务的方法与手段,如召开课程委员会会议法、课题研讨学习法、调查访问法和日常观察法等;加强技能培训,如进行课程调查分析、健全课程管理制度、组织课程评估等方面的技能,如计算机网络操作应用能力培训,使他们能熟练地运用计算机联网集中处理信息,提高工作效率。课程管理者在工作中,要勤于思考、善于总结、深入研究,不断提高管理水平,绝不能停留在单凭知识和经验解决问题的管理水平上,更不能将高校课程管理工作等同于一般的行政管理工作,只照章办事。

## 七、创新课程编制

（一）综合定位课程目标

1.依据职业岗位需求定位

一般来说,课程体系总目标是从宏观层面确定专业人才培养的方向,同时也为专业核心课程目标的确定提供依据。例如,旅游高等教育作为培养专门旅游人才的重要途径,其课程建设中的总目标自然是培养具备旅游专业工作岗位所需的职业能力的优秀复合型人才,同时还要兼顾不同的岗位对人才的职业能力需求各有不同的现实状况。针对本科旅游管理专业人才输出对应的主要是旅行社、旅游规划公司、文旅集团、旅游酒店等的核心岗位,旅游院校应针对旅游企业、旅游酒店、旅游科研院所以及其他旅游集团分别设置课程目标,并考虑不同的专业核心课程要根据不同的目标培养学生不同的核心岗位能力。只有保证旅游管理专业的课程目标与岗位需求相一致,才能针对行业的职业岗位需求精准地输出人才,增强学生的就业竞争力。

2. 依据学生发展需求定位

由于课程建设的受众是学生,故在设置课程目标时在一定程度上应该考虑受教育者个人的发展需求。与此相矛盾的是课程目标多根据政府规范性文件或行业发展需求制定,更多强调统一性和协调性,较少考虑学生个人发展需求。"00后"大学生的个性鲜明,学生的学习目标和学习需求各有不同。因此,课程目标的设置应该考虑到学生本身的个性化发展需求,为学生的多元化和全面化发展提供条件。具体来说:一是可以结合学生的职业规划、就业意向或发展方向将学生群体进行分类,并分别设置不同的课程目标;二是实施自主选课制度,由学生根据自身特点和条件选择课程,进而增强个性化课程目标的实现效果。

3. 依据学科、学校和地域特色定位

虽然课程目标是学生经过一个阶段的系统学习后所要实现的具

体目标,但学生对目前的课程目标并不十分满意。现有的课程目标定位模糊、缺乏学科和地域特色,各个高校的课程目标整体上来看大同小异,导致学生培养和学校发展的同质化现象严重,人才培养和办学竞争力低下。因此,高等院校应该结合自身特点,充分发挥各自办学优势,以实现高校课程目标的特色化。一方面,不同院校可以结合自身办学特点和学科背景,将相关学科的优势资源引入课程教学中,如北京第二外国语学院的语言类学科背景、东北财经大学的财经类学科背景等都可以应用于专业人才培养中。另一方面,不同地域的院校可以结合所在区域的文化特色和区位条件,制定特色化的课程目标,如沈阳师范大学地处沈阳,可充分利用沈阳故宫、张氏帅府等景区资源条件,完成学生的特色化课程目标设置,提升学生的综合素质。

## (二)精心凝练课程内容

### 1. 实现新旧知识融合

高校各类专业课程内容陈旧、缺乏创新一直是教育界面临的重要问题。虽然各个院校针对相关问题做出了改进,但"知识更新速度远低于行业发展速度"的问题仍旧存在。基于此,要想保证课程内容的前沿度,应该从这三个方面着手:一是从教师的层面,应及时关注和搜集相关专业的最新消息和前沿动态,并融入日常的课程教学内容之中,形成动态的课程内容更新机制;二是从学生的层面,要积极利用信息化时代的便捷学习工具,通过网络或其他途径及时掌握行业发展的最新状况,并将线上与线下学习内容有效融合和把握;三是从教材的层面,作为课程内容的要素之一,教材也应该及时更新,将书本教材与电子教材相结合,满足学生的全面发展需要。

## 2. 准确区分重点难点

课程内容的难易程度直接影响着学生的学习情绪和学习结果。然而,当前高校专业的课程内容设置却存在重难点模糊或表面化的现象。许多专业课程对重难点的划分主要是根据教材、教师或学科的整体要求,而未充分考虑学生的需求和行业发展的需要。因此,为了改善这一现状,应该根据高校专业课程的特点,准确区分各门课程的重点和难点。具体来说,教师要根据课程难易程度进行区分性教学,对重难点内容进行详细讲解,对一般知识内容进行简要讲解,进而使学生明确课程学习的重点;教师在课程评价过程中针对不同难易程度的知识点采用不同的测评或评价方式,保证学生能够较好地接受和掌握。

## 3. 紧密联系行业实际

高校学生对课程内容的实用性比较关注,而高校专业课程缺乏实用性也一直是各个院校面临的难题。因此,紧密联系行业实际,提升高校专业课程内容的实用性已经刻不容缓。一方面,可以加强理论课程的整合,提炼出专业的核心内容。有效的课程整合不仅能够使教学资源利用最大化,同时精选课程内容也能够使学生的学习达到最优化。另一方面,可以加强理论课程的实训内容,即通过情景模拟、布置任务或实物演示等方式让学生参与体验,将所学理论转化为实际所需技能,进而为未来就业奠定基础。

### (三)调整优化课程设计

高校各类课程的比例和各学期的课程数量设置、专业课程的开设顺序仍存在问题。因此,有必要就课程比例、课程数量以及课程开设顺序等方面存在的问题予以优化。

1. 合理划分课程类别比例

目前大多数高校都以公共课与专业课、必修课与选修课、理论课与实践课为分类标准。其课程设置基本呈现"金字塔"式的结构特征,即公共课门数少、课时量大,必修课和理论课较多,实践课较少,选修课门数较多但课时量和选课数受限制,这就造成了学生的学习"泛而不精"和"学而无用"的问题。因此,有必要进一步协调各类别课程的比例,使课程设计更加均衡合理。首先,就公共课与专业课来说,应适当缩减公共课的课时,为专业基础课、核心课留有充足的时间;其次,就必修课与选修课来说,专业必修课是为学生的长远发展奠定理论基础而设置的,专业选修课则是为学生的个性化发展服务,因此,要适当加大选修课的比例和学生的可选课门数,以促进学生的身心全面发展;最后,就理论课和实践课来说,要在现有课程的基础上增加实训课程的比例,创新课程实训的方式,同时调整专业实习的时间,按照课程特点设置不同岗位、不同形式的实习,达到"随学即用"的效果。

2. 精心规划学期课程数量

均衡的课程比例对课程设计具有重要作用,但目前大多数院校公共课和专业必修课所占课时较多,忽略了专业选修课和实训课程的比重。因此,未来各院校应该对课程数量安排进行调整,增加专业选修课和实训课程的开课比例,而不是将其作为公共课和专业必修课的辅助。公共课方面,可适当缩减政治与体育课程数量,增加计算机与英语课程;专业课方面,可压缩整合必修课程,"找核心,讲重点",将有限的课程利用得更加充分;实训课方面,可结合该门课程的实际需求,在理论课结束后即时开展实训课程,以便加强学生的理解和运用能力。同时增加选修课科目数量和总体数量、赋予学生自主选择的权利。

3.科学设置课程开设顺序

合理的课程开设顺序是课程取得良好效果的保障,这就要求课程的开设顺序要以学生的心理发展规律为前提,遵循课程内容的逻辑顺序。一般遵循"由简到繁、由抽象到具体、由理论到实践"的规律,循序渐进地进行课程的设置与实施。具体来说,大一年级设置政治、英语、体育等公共课程和专业的基础课程,大二设置理论性较强的专业课程,大三则设置实践性较强的专业课程,同时大二大三穿插相应的专业选修课程,或根据课程需要进行短期实习,大四则主要为实践性课程,包括毕业实习、论文撰写等。只有这样,才能使课程设计更具合理性和科学性,进而保证课程管理的质量。

## 第二节 高校学生管理的发展与创新

### 一、高校学生管理发展

(一)高校学生管理发展经验

1.确保高校学生管理的正确方向

高校要遵循国家教育方针,确保高校学生管理的正确方向。国家教育方针是国家在一定历史时期内为实现该时期的基本路线和基本任务,对教育工作所提出的总的指导方针。国家教育方针规定了我国教育的总方向和培养目标,集中体现了党对教育工作的领导,坚持教育为社会主义现代化建设服务,为人民服务,教育与生产劳动相结合,培养德、智、体、美、劳全面发展的合格社会主义建设者和接班人等要求。高校学生管理作为一种高校工作管理手段,是为国家的教育方针服务的,是为培养德、智、体、美、劳全面发展的社会主义建设者和接班人服务的,因此高校学生管理工作必须紧紧围绕我国教育的总方向和培养目标,全面贯彻国家教育方针,为培养社会主义建设者和接班人服务。

2.发挥育人功能进行科学管理

高校要发挥育人功能,依据教育规律,科学管理。高校学生管理作为管理科学的一个分支,应遵循管理的一般规律,充分发挥其育人功能,科学、有效地进行管理。与一般管理工作不同,高校学生管理的对象是高校学生群体,有其特定的指向性。改革开放以来,我国经济快速发展,社会结构发生深刻变化,利益关系和利益格局重新调整,这给人们的思想观念带来一定冲击。在新时代背景下,高校学生总体上树立了自强意识、创新意识、成才意识、创业意识,但与此同时,一些高校学生也存在不同程度的理想信念模糊、诚信意识淡薄、社会责任感缺乏、艰苦奋斗精神淡化等问题。因此,在高校学生管理工作中,必须注意把握时代特征,根据高校学生的具体特点,依据教育规律,探索高校学生管理工作的科学方法,加强高校学生管理工作的科学性,实现科学管理、有效管理,在管理中培养人和教育人,引导高校学生树立正确的世界观、人生观和价值观,使高校学生管理工作既符合高校学生的实际状况,又符合国家的人才培养要求。

3. 完善学生管理制度依法管理

依法管理是现代学生管理所必须遵循的原则。当前,随着高校学生群体法律意识的增强,学生维权活动增多,客观上要求在高校学生管理工作中必须依法管理,不断健全管理制度,深化管理制度改革,细化管理流程,在涉及学生切身利益的管理活动中切实保障学生的合法权益。这就要求高校在学生管理中根据自身办学层次、办学特色和办学类型不断创新各种适合自身的办学管理制度,使之科学化、规范化。在完善学生管理制度的基础上,不断提高管理水平,增强管理能力,做到依法管理。

4. 教育与管理结合建立长效机制

高校要坚持教育与管理相结合,形成齐抓共管的长效机制。高校学生管理工作涉及高校学生在校期间学习和生活的多个方面,从对高校学生的学籍管理、课外活动管理到对高校学生群体的组织管理、安全管理,高校教学、科研以及行政管理各个部门和各个机构都相应地承担着管理学生的责任。因此,高校学生管理必须坚持教育与管理相结合,发挥高校各个部门和机构间的合力,形成齐抓共管的长效机制,实现教学和管理部门间的密切合作。这就客观地要求各部门间权责明确,分工有序。只有在明确权利和责任的前提下,才能做到全校工作一盘棋,形成齐抓共管的工作局面。坚持教育与管理相结合,形成齐抓共管的长效机制,还必须依靠体制和队伍方面的建设,如一些高校建立了定期的学校各部门联席会议制度或学生工作领导小组等,都很好地保障了各职能部门间协调有效的运转和功能的充分发挥,增强了高校学生管理工作的针对性和实效性。

5.利用现代科学创新管理方式

高校要充分利用现代科学技术,不断创新管理方法。随着时代的发展,科学技术的不断进步,高校学生管理的对象和工作条件也在不断地发生变化,这就要求高校学生管理要不断创新管理方式方法,以适应不同时期的新情况和新要求。因此,充分利用现代科学技术手段,如信息技术、计算机网络技术、测量技术、咨询技术、评估技术等,成为不断创新高校学生管理方法的必然选择。这就要求在高校学生管理工作中,一方面要充分利用先进的管理技术,积极推进办公网络化、自动化建设,在管理过程中重视对网络技术和相关信息技术的应用,将各种现代技术引入并渗透到高校学生管理中去;另一方面,要在充分利用现代科学技术手段的基础上,不断开发针对高校学生管理实际的应用技术管理平台,建立诸如高校学生信息管理系统、高校学生管理网络互动系统、高校学生综合管理办公系统等现代化的办公及服务体系,以科学技术的创新不断推动管理方法的创新。

(二)高校学生管理发展特点

1.管理环境发生变化

(1)高校办学模式的变化增加了高校学生管理环境的复杂性。

一方面,随着高等教育规模不断扩大和高校后勤社会化的推进,部分高校由单一校区办学变成了多校区办学,校园由封闭式变成了开放式,部分地区甚至形成了大学城,高校学生出现了生活社区化和成长环境社会化的新问题。高校学生的学习、生活、社交、实践、娱乐等活动都呈现走出校园、走进社区和走向社会的新趋势。这使得学生群体管理由以前的建制式为主的群体管理向流动式群体管理转变,高校学生安全管理也面临着前所未有的挑战,使得高校学生管理的难度有所增加。

另一方面,随着高校学分制和弹性学制的实施推广与不断规范,学年制整齐划一的教学管理模式逐步被打破,学生班级观念逐步淡化,学生自主选择专业、课堂、修业年限等,形成了以课程为纽带的多变的听课群,使不同专业甚至不同学校的学生在一起学习。学生管理的对象不再局限于本专业的学生,还包括因选修课程形成的其他专业或其他学校的学生,管理对象日趋复杂化。

(2)互联网的发展增加了高校学生管理环境的挑战性。随着信息技术的进步,特别是互联网的发展,社会生产生活方式发生了相应的变化。

一方面,网络已经成为高校学生获取信息的主要来源,高校学生既是网络信息的生产者,也是网络信息的消费者。大量信息对促进高校学生更新知识、拓宽视野有着较大的作用,有效地激发了学生的学习兴趣、创新意识、竞争意识,形成了新的文化意识和文化精神。

另一方面,网络也给高校学生管理工作的有效开展带来了一定的负面影响。网络信息的开放性、快捷性、丰富性使得知识的权威性受到质疑。网络成为了一把双刃剑,给学生管理工作带来了新的挑战,需要学生管理工作者具有网络化思维,在网络环境中加强学生的正向管理,最大限度地消除网络对学生的负面影响。

2.管理要求发生变化

一体化运行、专业化发展、个性化服务、信息化促进、法治化保障是当前高校学生管理任务的现实要求。

(1)传统的学生管理已不适应具有时代性、复杂性、现实性、挑战性的高校学生管理新环境,这就要求传统的学生管理应向教育、管理、咨询和服务拓展,应将高校学生管理拓展的基本任务确立为高校学生的群体组织管理、行为管理、安全管理、资助管理、就业管理以及管理的评估等。高校学生管理部门应统筹规划、形成合力,实现学生管理工作的一体化运行。

(2)随着高校学生管理环境的变化和管理任务的细分,以及管理对象要求的不断提高和变化,高校学生管理必须走专业化道路,保障学生管理的效率和效益。

(3)网络使学生管理工作面临新的挑战,且已成为学生教育管理的重要阵地之一。这就需要高校学生管理工作既要利用网络加强对学生的教育、管理和服务,形成网上网下教育和管理的合力,又要充分利用现代网络技术,建立起信息化、网络化的学生管理系统,切实提高工作效率,更好地为学生服务。

(4)当前,司法部门介入学校教育管理,法治化已成为新形势下高校学生管理的迫切需求。这就要求学生管理要严格遵守国家的法律法规,有法律规定的必须按法律规定办理;没有规定的也必须符合法律的基本原则。高校在制定各项学生管理制度时,应该认真研究国家和地方相关法律条文,注意听取学生意见,增强规章制度的科学性。

只有这样,才能有助于增强学生管理的权威性,才能有助于保障学校的正常秩序。

## 二、高校学生管理创新

### (一)高校学生管理新趋势

1. 管理过程规范化

(1)管理决策的规范化。高校学生管理决策是指高校学生管理工作者在掌握充分信息和深刻分析有关情况的基础上,运用科学的方法,从两个以上的可行性方案中选择一个合理方案的分析判断过程。管理决策的规范化主要包括四个方面:①确定决策的指导原则,即指导管理决策活动的准则。②建立专门的决策机构,即有专门的决策机构和承担责任的专职决策人员。专门的决策机构是实现科学决策的组织保证。③构建管理决策的民主化机制。随着决策内容的日益复杂、决策速度的不断加快,高校学生管理工作者难以独立承担决策的重任,管理决策越来越趋向民主化,通过民主化确保决策的正确性,提高决策的效率。④严格遵循决策程序。决策程序从制度上规定了论证、评审和决策的方法与过程,是决策科学化的重要措施。在高校学生管理的决策过程中,既要做好总体决策,又要结合高校学生管理的实际情况做好分段决策。

(2)管理计划的规范化。高校学生管理计划就是在决策既定目标的前提下,进一步根据实际情况,科学、及时地制定未来行动方案。要做到管理计划的规范化,就要规范地进行高校学生管理计划的制订、执行和调整。首先,在计划的制订方面,要有获取规范信息的渠道、科学的分析方法、合理的目标分解和有效的综合平衡,使管理计划得以有效下达。其次,在计划的执行方面,除了按照原有计划执行外,还要让所有相关人员都了解在执行任务时如何正确处理突发事件。同时,还可以建立一个良好的信息沟通系统,确保纵向、横向沟通的顺畅。最后,要根据实际执行情况对计划进行调整。

(3)管理组织的规范化。高校学生管理组织就是高校学生管理机构和学生管理人员为了有效地实施既定的计划,通过建立组织机构,确定职位、职责和职权,协调相互联系,将组织内部各个要素联结成一个有机结合体,使人、财、物、信息、时间、技术等资源得以最佳配置和利用。高校学生管理组织的规范化主要包括四个方面:①根据高校学生管理目标、内容、特点和外部环境划分工作部门,设计组织机构,如建立专门的学生就业管理机构、学生资助管理机构等。②根据高校学生管理所涉及的具体内容,按专业化分工的原则设立相应的职位,如心理咨询专业人员、计算机系统开发人员等。③明确组织机构中的各种职责和职权,做到责权明晰。④协调高校学生管理组织机构中各方面的相互关系,使组织机构内部成为一个有机整体。规范化的管理组织能够让高校学生管理人员更加明确在管理过程中的任务、责任、权利以及组织机构中的各方关系,保证组织机构的协调运行和组织目标的全面实现。

(4)管理控制的规范化。高校学生管理控制是对高校学生管理的计划、组织等管理活动及其效果进行测量和校正,以确保计划得以实现的有效方法。管理过程是一个动态的发展目标系统,既不能一蹴而就,也不能一劳永逸,需要将规范化的控制贯穿管理的全过程。管理控制的规范化主要包括三个方面:①确定控制标准。确定控制标准即为实际和预期工作成果的比较提供尺度,这是执行管理控制的前提。如果没有控制标准,控制工作也就失去了目的性。②衡量偏差。衡量偏差即通过与标准进行比较,对实际执行情况做出客观评价,主要有直接观察、统计分析和例会报告三种形式。③纠正偏差。纠正偏差即在衡量工作成效的基础上,根据被控对象相对于标准的偏离程度,及时采取措施予以纠正,使其恢复到预期状态上来。上述方面实际构成了管理控制的一个运行周期,通过螺旋上升的循环过程,形成了一个完整、规范的反馈控制系统,使偏差不断缩小,从而保证管理活动向目标方向健康发展。

2. 管理模式多样化

高校学生管理模式的多样化是高校根据学生的需要,通过多方参与、协同解决的方式提供相应的公共服务与产品,从而建立高校学生管理对学生负责的公共责任机制。多样化的高校学生管理模式的特点主要有:一是多样化的高校学生管理是一种互动的过程,突破了传统高校学生管理模式中以单纯管理为主的工作方式,形成以管理与服务并重的工作方式。二是多样化的高校学生管理主体之间是相互协作的关系,高校与学生在传统高校学生管理模式中的管理与被管理关系变成了相互协作的关系。

当前,高校学生管理模式呈现多样化的特点。归结起来,常见的管理模式有"目标—关系型""系统—过程型""契约—参与型"和"中心型"四种类型。但在管理模式的应用中,不能照搬照抄,而是要科学把握管理模式多样化的核心要素(内容、对象、方法),结合各高校实际情

况,建立起合理有效的管理模式。实现高校学生管理模式的多样化要从以下方面入手:

(1)管理内容的多样化。构建管理、教育、咨询和服务于一体的多样化管理。首先,管理也是教育,高校学生管理工作必须坚持管理与教育相结合的原则,发挥制度的引导、约束、规范和教育作用,有意识、有目的、有计划、有组织地促进受教育者的发展。学生日常的教学管理既是一种管理方法,又是一项重要的教育措施,通过对课堂、作业、考试、社会实践等的管理,抓好教学管理的各个环节,帮助学生培养和提高综合能力,更好地实现自我价值。管理目的达到了,教育效果就显现了。其次,充分发挥咨询在学生管理中的作用,采取恰当的方法对学生进行有针对性的教育和疏导,切实解决学生在实际生活中产生的困惑,如就业咨询、心理咨询等。最后,以"服务管理"为突破口,改变过去重管理轻服务的做法,将管理与服务有机地结合起来。

(2)管理对象的多样化。管理对象的多样化要求管理要立足于管理对象的差异性,承认他们在智力、生理、情感和社会背景等方面存在的差异。在整个大学过程中,应根据学生的年级、性格等特征进行个性化的教育管理。一方面,根据每个年级的不同特点,每个阶段的管理目标和任务都应有所侧重,管理手段也要有所差异;另一方面,学生的特长、兴趣、爱好不一样,发展方向也不一样。在管理中,应立足于这些类型差异,注意个性间的有序协调,多层次、多方位、多渠道地做好学生管理工作,使学生的个性和专长得到充分发展,潜力得到充分挖掘。

(3)管理方法的多样化。高校学生管理方法是指在管理活动中为实现管理目标、保证管理活动顺利进行所采取的工作方式。高校学生管理方法日渐成熟,已逐渐形成了一个相对完整的管理方法体系。高校学生管理方法包括法律方法、行政方法、经济方法、教育方法等。不同的方法有不同的特点,也有其特有的适应对象,因此,在高校学生管理的具体工作中,应该结合实际情况采取最有效的方法来实现高校学生的科学管理。

3. 管理方法信息化

管理方法的信息化主要是指利用信息技术来优化学生管理信息的传递和反馈程序,改变学生管理的组织方式,最终提高学生管理的运行效率。在实际应用中,管理信息化主要是构建学生管理信息化体系,提供大量的学生信息资源、各种学生管理专用信息系统及其公用通信网络平台等。学生管理手段的信息化主要包括以下三个方面：

(1)日常管理的信息化。高校学生的日常管理是一项具体、繁杂而又细致的工作,主要涉及学生的基本信息、学籍、学业、奖惩等方面的管理,实现日常管理的信息化能够让高校学生管理人员从琐碎的事务处理中超脱出来。首先,学生基本信息管理的信息化,即对学生的基本信息进行方便、快捷、动态的更新、查询、统计等管理。其次,学籍管理的信息化。学籍管理分为基本档案、学籍档案、学生调班、分班以及退学办理等部分,可以管理学生的学籍变动等情况；可以管理学生在校期间的专业调整和班级调整情况；还可以在新生入学时按照相关条件智能分班。再次,学业管理的信息化。学业管理包括学生选课、成绩录入、统计分析和成绩报表查询四个部分。最后,奖惩管理的信息化。奖惩管理主要包括学生奖励、处罚、考勤以及考评等内容,记录学生在校的行为表现。

(2)管理服务的信息化。当前,不断提高服务质量,丰富服务内容,优化服务形式成为管理的一项重要内容。在信息化时代,利用信息化手段积极开展学生就业服务、学生资助服务、心理咨询服务等是当代高校学生管理的必然要求。首先,资助服务的信息化。资助服务的信息化主要包括困难补助、奖学金、国家贷款、勤工助学四个方面的内容,以及完成各项主要工作的计划划拨、申报、审批、发放、查询等功能。其次,就业服务的信息化。就业服务的信息化主要包括毕业生信息、用人单位信息、咨询指导和就业情况统计四个部分。它可以在毕业生和用人单位之间搭建一座桥梁,实现毕业生和用人单位的双向选择,并在此基础上,由就业管理部门和辅导员统计学生就业情况。最后,心理咨询服务的信息化。心理咨询服务的信息化主要包括建设网上测试与咨询系统,让学生通过网络测试自己的健康程度,及时地调整自己,平衡心态,同时让受挫折、有心理障碍的学生通过网络接受在线咨询。

(3)思想教育的信息化。随着科学技术特别是信息技术的迅猛发展,高校应积极主动地运用现代科技手段,使正确、积极、健康的思想文化占领网络阵地。一方面,建立融思想性、知识性、趣味性、服务性于一体的主题教育网站或网页,及时宣传国内外重大时事,使思想政治教育的内容不仅"进教材、进课堂",而且"进校园网",形成线上线下思想政治教育的合力。另一方面,开辟网上专栏,组织一支由水平较高的专家学者、德育教师和学生党员组成的骨干团队,以平等、热情、友善的态度与高校学生网民一起对一些热点问题展开讨论,发布积极健康的信息,倡导爱国主义、集体主义,帮助学生树立正确和科学的世界观、人生观、价值观。

在实现管理手段信息化的过程中,必须有相应的配套支持,如管理业务流程、信息化标准、信息化建设团队等,否则,管理的信息化进程就会遇到许多管理和协调等方面的问题,造成既发挥不出信息化的高效率特点,也无法对信息化的质量和效果进行客观的评价,信息化建设取得的成果无从充分表现出来的后果。

4. 管理队伍专业化

管理队伍专业化,主要指学生管理人员在整个管理生涯中,以学生管理为基础,通过专业训练,习得学生管理的专业知识、技能,实施专业自主,表现专业道德,逐步提高管理水平,成为一个良好的高校学生管理工作者的成长过程。管理队伍专业化是高校学生管理工作的重要趋势,对于提高高校管理水平和办学效益有重要意义。管理队伍专业化主要表现在以下三个方面:

(1)专业化的职业素养。高校学生管理队伍专业化具有一般管理队伍的特征,但因为其管理对象的特殊性而表现出具有高校学生管理特征的专业性质。专业化的职业素养主要体现在以下两个方面:

第一,掌握高校学生管理工作的相关专业知识和具有从事高校学生管理工作的专业能力。高校学生管理队伍专业化应掌握的专业知识主要包括系统的科学文化知识,高等教育管理科学的基础知识,现代管理知识,国家法律及行政法规、政策与规划等方面的知识。高校学生管理工作的专业能力主要包括语言表达和文字写作能力、教育管理和经营能力、科学研究能力和创造能力。

第二,工作效率高,工作效果好。工作效率高,工作效果好是推进高校学生管理队伍专业化的目的所在,也是衡量高校学生管理队伍专业化程度高低的硬指标。专业的职业技能既不完全等同于知识化,也不完全等同于文凭化,关键在于学生管理者能掌握并熟练运用高校学生管理专业知识和技能,实现管理行为的专业化。专业的职业素养是管理队伍专业化的前提。

(2)专业化的机制保障。完善的管理机制包括专业化的招聘、培训、薪酬和考核机制四个环节,具体如下:

第一,专业化的招聘过程是建设专业化队伍的入口保障。专业化的招聘过程可以从源头上保证高校学生管理队伍与管理岗位的匹配度,实现招聘的最适原则。

第二,专业化的培训是建设专业化队伍的成长保障。高校学生管理队伍的培训是一个系统、复杂的工程,是一项长期性的工作,要始终坚持全员性、全面性、全程性原则。高校应该把学生管理队伍的培训纳入用人体制中,构建相应的培训制度,并落实专人负责管理。例如,辅导员队伍的专业化,实质就是依托专门机构及终身专业训练体系,对辅导员进行科学的管理和培养,使辅导员掌握从事思想政治教育工作的知识和技能,实施专业自主,体现专业道德,提高自身学术地位和社会地位,全面有效地履行辅导员职责的过程。

第三,专业化的薪酬体制是建设专业化队伍的动力保障。合理的薪酬体系对高校管理队伍的满意度有着积极的影响,高校学生管理队伍的薪酬体系构建要坚持对内公平、对外竞争的原则。

第四,科学合理的考评制度是建设专业化队伍的优化保障。公平合理的绩效考核体制对于提高高校管理人员工作积极性有重要的促进作用。绩效考核不仅要建立一套科学合理的考核机制来考核高校管理人员的绩效,还应通过考核形成相关的绩效反馈机制,进而为实现管理人员绩效的改善提供支持。完善的管理机制是管理队伍专业化的保障。

(3)专业化的机构支撑。健全的组织机构是管理队伍专业化的支撑,组织机构的构架也应是稳定的,只有这样,才有利于提高职位的专业化程度。当然,这种稳定性是相对的,稳定并不排斥团队内部的竞争上岗和定期轮换,更不排斥团队内部的新陈代谢。因此,应该在高校学生管理的群体组织管理、行为管理、安全管理、资助管理、就业管理等方面设立专业化的部门和团队,建立健全组织机构,为全面实现管理队伍的专业化提供有力支撑。

(二)高校学生管理创新路径

新时代高校学生管理创新要通过引导学生实现自我管理、运用网络实行信息化管理以及加强管理团队建设三条路径来实现。

1. 引导学生实现自我管理

高校要以学生为本,引导学生实现自我管理,推进高校学生管理创新。没有管理的教育和没有教育的管理都是软弱无力的,教育离不开管理,管理是为了教育,这就是以人为本的大学管理工作的全新辩证法。正是因为高校学生管理工作与人才培养的这种特殊关系,高校学生管理创新的路径有别于一般管理工作。高校学生管理创新路径客观上要求用全新的管理理念作为指导。理念是反映对象深层次本质和规律的观念,而教育理念是关于教育基本问题的深层次本质和规律的观念,具有理想性、持续性、统合性和范式性的特点。新时代的高校学生管理理念应深度融入高质量发展要求,秉持以人为本的管理原则,构建全面促进学生发展的教育生态。以人为本的实质就是尊重学生的发展特点和规律,尊重学生的人格个性,创建学生思想政治教育的良好环境,构建和谐的师生关系,培养全面素质的创新人才,其关键是要正确发挥学生的主体性,尊重学生学习主体需求,使思想政治教育活动忠实于教育本身的内涵,根据不同的学生施以不同的教育,使学生的潜能得到充分的发挥,形成一种积极向上的内在力量。

开展高校学生管理工作是创造条件培养和发展人。在这种方式中,学生本身既是管理者,又是被管理者,学生在这种角色转换中大大提高了自我管理的积极性,特别是增强了学生的自我约束、自我管制能力,在学习知识的同时锻炼了自己,既"学到了知识",又"学会了做人",增强了学生的主体意识和责任感。

## 2. 运用网络实行信息化管理

在创新管理方式过程中,要注重运用网络实行信息化管理,充分利用现代科学技术手段,针对不同时期高校学生管理发展新情况和新趋势,开发管理平台,整合管理资源,实现网络化、数字化管理。通过网络实现信息化管理,能够使管理方式变封闭式管理为开放式管理,进一步加强管理与思想政治教育的融合,与学分制学校管理制度的配合,与社会管理的结合。同时,通过网络实现信息化管理,也是促使高校学生管理变单一管理为综合管理,把管理与服务紧密结合起来,以服务促管理的有效途径。在管理方式创新方面,要充分发挥网络虚拟互动平台作用,实现师生有效互动,变说教为参与、变灌输为交流、变命令为引导,创造学生主动参与的全新工作局面。同时,在管理手段创新方面,当前最为重要的是通过网络信息化建立合理的程序机制,促进实行法治化的规范管理。

3. 加强管理团队建设

加强学生管理人员团队建设是确保管理工作顺利开展的重要保障。随着新时代社会形势的变化,高校学生工作也发生了许多变化。学生工作的一些职能也发生了变化,学生工作由过去重管理向现在重教育、咨询、服务转变。因此,心理健康教育、经济困难学生资助、助学贷款、就业指导等学生工作职能必须得到强化才能适应形势需要。同时,高校学生群体的思想问题和实际问题也更加复杂化、多样化,这就需要管理工作队伍凭借智慧、知识和技能形成"专家化"的本领。因此,就高校学生管理工作的发展趋势而言,高校学生管理工作队伍必须走专业化道路。要超常规选拔人才,高起点聚合精英,不拘一格,广纳贤才,培育一支数量足、素质高、业务精、能力强的专业化学生管理工作队伍。

## 第三节　高校教师管理的创新探索

### 一、创新激励体制

(一)丰富激励方法以满足多层次发展

高校教师是高级知识分子,这就要求在高校教师的管理工作中,要丰富激励方法,满足不同年龄、不同工龄、不同职称、不同社会关系的高校教师的发展诉求。

1. 目标激励

目标是个体在各种行动中追寻的期望结果,是推动个体动机的重要因素。目标激励的核心在于通过设定与学校目标紧密相关的合理的个人目标来激发教师的内在动机与积极性。因此,目标的设定是实现目标激励的关键所在。教师的需求可以分为三个方面:满足日常生活所需、承担工作职责所需以及追求个人价值实现所需,教师追求的最高目标是满足自我实现的需求。除了关注教师生活和工作方面的需求,学校还应该重视教师个人成长,让教师在个人需要得到满足的同时达成学校的目标。

2. 物质激励

物质需求是满足其他高层次需求的前提,只有满足了基本的物质需求之后,人才会追求更高层次的需求。为了实现这个目标,需要努力提高教师的生活品质,其中包括要解决工资、住房、医疗保健等方面的问题。为了激发教师的积极性,高校需要确保薪酬公正且具有竞争力。公正并非一成不变的公正,而是相对公正,不能实行平均主义,不应该按照统一标准奖励或惩罚所有教师。教师的薪资应该与其工作贡献、职衔、授课时长和教学质量相关联,适当扩大不同级别和类别教师之间的薪资差距,确保工资按照贡献合理分配。为了增加教师的工作动力,可以考虑建立与学术成果挂钩的津贴制度或实行年薪制度,以此使教师能够专注教学和学术研究,不被经济问题困扰。

3. 培训激励

培训激励的价值在于它可以满足教师对于自我提升和成长的追

求,是教师个人最高层次的需求。高校应积极寻求有效机制使教师的培养、培训、管理三个方面相互融合,以便提升教师整体水平。为了向不同类型、学术能力和任务需求的教师提供有效的培训,高校应根据其个性差异,量身定制不同的培训方案和培训方式。对刚刚加入高校的年轻教师可以采用导师制和助教制,同时建立一个专门的青年教师导师制度,可以让有丰富教学经验的教师对年轻教师进行教学实践培训。对于那些在学术界已获得一定声誉和成就的教授来说,建立学术网络非常关键。为了推动教师培训工作的信息化建设,可以采用不同的培训方式,如设置短期和长期培训班,利用业余时间进行培训和系统学习,进行校内培训和校外进修,并充分利用现代信息技术的优势。可以采用多元化的教育培训方式,如教师职前培训、教育课程学习、分享教学研究经验的公开课以及开展青年教师授课比赛等活动。另外,还可以激励教师自发地参加各种学习活动,如编写教学总结或个人发展计划,这样就能够让教师自我提升并不断成长。

### (二)构建科学、合理的考核机制以确保公平性

我国高校创建高素质教师队伍的关键是建立一套科学、合理的高校教师考核评价体系,改革与创新高校教师考核评价机制,以确保公平性,从而激发教师积极进取和竞争的意识,使教师的综合素质不断提升,最终推进高水平大学建设。

第一,教师考核评价应权衡定性分析和定量研究。高校教师考核评价系统庞大,运行起来比较复杂和困难,主要体现在教学科研等指标难以量化。因此高校应建立科学的考核评价指标,对教师量性方面的工作内容予以考核;同时要考虑到教师教书育人的职责,在考核指

标的设置过程中,注意针对不同岗位特点进行岗位定性分析,科学设置定性与定量的考核权重,合理设置高校教师考核指标体系。

第二,对教师的评价应该是灵活多变的。高校应该建立以任务为导向的人员聘用考核方式,促进不同类型人员的流动。引入竞争机制,实行优胜劣汰,综合考评绩效,激发教师的创新活力,建立符合学校事业发展的流转退出机制。依托学科平台,探索和打造"人才特区"制度,构建新型组织模式,赋予高层次人才、团队更多的学术自由权和自主权,使其在可能的范围内享有更多的自我管理的权利和自我更新、自我推动的能力。

第三,实行教师分级分类考核。可将教师分为科研型教师、教学科研型教师、教学型教师,同时设立理工学部、数理信息学部、工程学部、经济管理学部、人文社科部等学部评议组,教师考核由学部评议组进行组织评价,并明确相应职务的业绩考评条件。

## (三)贯彻以人为本理念以激励自主管理

以人为本管理理论强调以人为出发点,将人的内心需求和动机作为管理的核心,满足人的物质和精神需求,尊重每个人的人格和尊严,从而激发人的潜能和动力,推动组织的持续发展。高校管理应贯彻以人为本理念以激励教师自主管理。在管理过程中,高校应该注重关怀、信任、理解和尊重教师,只有这样才能够激发他们的热情、主动性和创造性,从而提高工作效率。高校还应为教师全方位的自我发展和实现提供条件和机会。在追求组织目标的同时,鼓励个人多方面成长和实现自我价值。

高校教师管理中的核心理念是以教师为本,这是基于以人为本管理理念的延续和体现。高校教师作为高级知识分子对自我成长的要求较高,这表明高校需要考虑教师的全面需要,不再局限于满足基本需要,更要重视满足他们追求自我实现的高层次需要。

## 二、完善"政府—高校—教师"三位一体管理制度

我国部分高校长期存在一个问题,即高校教师管理效能不高。这是因为高校在教师管理过程中过度强调行政管理,使得管理过程过度行政化,从而降低了管理效能。要提高管理效率,高校需要意识到管理既具有行政属性也具有学术属性,必须在管理过程中平衡行政权利和学术权利,以解决可能出现的行政主义倾向。高校需要将行政管理机制改革尽快整合到内部治理结构改革当中,通过机构职能的调整和管理结构的优化来建立完善的行政体制,该体制应包括一致的责任与权利分配、合理的工作分工、科学的决策制定、先进的执行手段、顺畅的执行程序以及有效的监督机制等内容。

高校教师管理的制度应该注重倡导"大学自治""学术自由""学术本位"等理念,同时应充分尊重教师在行政管理中的权威地位和作用。此外,高校还应该尊重市场经济规律,提倡和政府之间的良性互动,将高校管理放置在更广泛的社会、市场、文化、组织和历史等宏观环境下,削弱行政机构的权利,减轻其责任。虽然行政管理部门有管理职能,但要提高高校管理效能,则需要保障和实现"大学自治"和"学术自由"。建立政府、高校和教师之间的合作管理机制,能够实现三者之间的良性互动。

## 三、营造和谐工作氛围

高校教师管理的理念直接影响着学校的管理模式,能够营造出和谐的工作氛围。同时,高校管理效能会受到多方面的影响,包括学校管理理念、科学性、适应性等因素。这些因素都是至关重要的,因为它们可以对高校发展产生积极或消极的影响。高校的管理方式与其他机关单位有所区别,除了常规的行政管理工作还要兼顾学术发展。这表明,高校应当全面重视学术管理的重要性,倡导学术自由,积极提高自身的自主管理能力。此外,高校也应当积极运用现代化的管理技术和工具,系统地规划和推进管理工作,创造一个符合高校发展需要且具有积极作用的和谐氛围。

高校可以利用多种宣传渠道,如校园网站、宣传栏和校报等,推广师德教育,塑造出具有典范作用的教师形象;同时,还应该重视、肯定那些表现出色的优秀教师代表,营造浓厚的师德学习氛围。

# 第五章 数智化背景下高校教育管理的创新路向

## 第一节 基于大数据时代信息化的高校教育管理创新

### 一、基于大数据时代信息化的高校教育管理体制

(一)高校教育管理体制需要在信息化下进行改革

管理系统由三个方面构成,分别是隶属关系的确立、组织机构的建立和管理权限的划分。高校教育管理系统指的是对高校教育管理的组织结构和权利归属进行划分。高校作为特殊的行政机构,组织结构的划分也相应地具有特殊性,即要从大学的管理体制出发,遵循教育教学规律,综合考虑高校培养目标的特殊性和教学水平的高低。

蓬勃发展的计算机技术和网络通信技术悄然改变着人们的生活,当今时代,网络技术在教育领域得到了广泛的应用,学校的环境日趋复杂化,学生的需求更加多样化,这就要求学校根据社会的发展,更新管理观念,采用多样化的管理方式,促进学生个性化成长。教育管理体制改革的顺利推进有赖于信息技术的飞速发展,信息技术在学校管理体系中的广泛应用不仅为教育事业的发展提供了强有力的技术支

持,而且为教育管理体制改革注入了新的活力。广大师生都成为网络信息技术的拥护者,他们具备参与改革的知识和能力,教育管理者要抓住信息社会的机遇,充分发挥广大师生在教育管理体制改革中的作用,不断提高他们的综合素养水平,与时俱进。

## (二)高校教育管理组织机构的变化

我们可以从以下五个方面对组织的结构进行评价:

### 1.责任性

组织的每个成员都具有促进组织发展的责任,信任组织,要对组织具有强烈的认同感和归属感。

### 2.适应性

组织并不是一成不变的,要根据时间的变化进行革新。

### 3.及时性

组织内的每个成员要保质保量地完成组织分配的任务,速度要快。

### 4.响应性

当组织外部环境提出需求时,组织要及时地予以响应。

### 5.效率

对于组织分配的任务,组织成员要不打半点儿折扣地完成,在确保最小出错率的基础上,考虑资源的经济性,即以最小的成本完成最多的任务。高校教育管理是通过加大管理组织扁平化力度,取消大部分中间管理层,以达到优化组织结构的目的。

### (三)高校教育管理权限的重新划分

对高校而言,高校层面是宏观层面的管理,高校教学质量的高低同高校能否实现协调控制有着直接的关系。这就要求高校站在全局和战略的高度谋划发展,采用强有力的措施对高校内的所有专业进行管理,并根据学科特色,实行对应的方针,这样才能为教学过程的顺利开展提供有力的保障和支持。高校的管理工作有着丰富的内涵,包括领导学校招生和分配工作、决策全校教育管理重大事项、完善教育管理规章制度,顺应时代的发展,完善教学质量评价体系,设计科学化的教学培训计划,加强教学基础设施建设。

高校管理措施的顺利实施离不开全体师生的认同和支持,因此,高校在实施这些管理措施时要征求教师和学生的意见。学校管理系统具有三方面的职能,分别是宏观管理、为教学工作提供方便、决策。其中宏观管理是学校管理系统重要的职能。值得注意的是,学校管理活动在不同部门不仅有着不同的分工,不同部门在管理系统中的权限也是大不相同的,如何分配权限,如何分工合作,成为学校管理者必须思考的重要问题。目前,大部分学校(系)各部门层面有自己比较完整的教学管理组织结构,如设置了教务处、教研室等部门,并配备了相应的教学秘书,教务处的职责为根据学校的教学任务,制订各学科的教学计划,组织教学研究活动,对学校拨给院(系)的教育经费进行合理的安排,根据学科发展需要,增加或者缩减教师的数量,为了考查学生的学习情况,组织各种考试,负责安排学生参与实习和实践活动,协调院(系)、学校教学之间的问题等。在这一系列活动中,都不能忽视师生参与决策的作用。

## 二、基于大数据时代信息化发展的高校教育管理

### (一)改革学生的培养方式与管理模式

信息化时代对于人才提出了更高的要求,不仅要求人才具有丰富的专业知识,而且还要具有良好的能力,如发现问题、解决问题的能力,团队合作能力等。学校承担着培养人才的重任,面对社会和用人单位的新需求,学校需要改革人才的培养方式和管理模式。快速发展的信息技术为学校改革的推行提供了技术支持。大数据环境下,改革学生的培养方式与管理模式主要体现在以下三个方面。

一是在教学中推进"参与式"教学法。"参与式"教学法以提问为主,教学的内容具有开放性。在传统教学法中,教师向学生提出问题,学生回答,教师根据教学参考书中的标准答案来评判学生回答得是否正确。"参与式"教学法中的问题具有开放性,即没有固定的标准答案,学生无论从哪个角度来回答,都不能算是错的。在传统教学法中,教师为了检验学生的学习成果,经常会布置作业、论文;在"参与式"教学法中,教师很少布置作业,甚至没有论文。"参与式"教学法强调学生创新能力的培养,给学生留下充足的自由思考的时间。教师向学生提出问题,学生利用网络技术和计算机技术收集相关信息来解答问题,通过对问题的解答完成知识学习与内化。从本质上来说,"参与式"教学法是一个学习实践的过程,引导学生借助网络搜集信息,不仅有助于培养学生主动解决问题的意识,而且还让学生学会了与"问题"有关的知识。成长环境、教育背景的不同,导致学生的学习能力和兴趣爱好有着很大的差异,"参与式"教学法针对学生的自身特点确立了恰当的培育目标,采用了个性化的教学方案,让每一个学生都得到了

锻炼的机会,助力学生阳光健康成长。

二是努力培养学生的社会实践能力,加强实践教学。实践教学的开展有赖于实践和实验资源的物质支持,如果实践和实验资源不足,就会对实践教学水平产生负面影响。高校可以利用计算机和网络编制软件。这种软件具有虚拟实验室的功能。学生可以设置实验条件,进行模拟操作,如利用计算机软件在虚拟实验室中解剖青蛙(数码青蛙)等。现实生活中的实验操作通常都是一次性,如果实验失败,就必须再次使用实验资源重新开始,实验成本较高。虚拟实验室的优点就是成本低,如果实验失败,只需要重新设置实验条件就可以再次开始,学生可以反复练习,直到熟练掌握。

三是鼓励学生跨学科学习,培养全面型人才。随着信息技术的发展,新的学科不断涌现,学科交叉成为科学发展的必然趋势。基于此,高校要建立交叉学科培养机制,培养学生的跨学科背景,如以基础学科为主的高校可以打破不同专业的教育壁垒,从而建立跨学科教学的培养机制。具体实现过程为:首先,高校要根据本校特色和发展规划,确立系统性、科学化的培养计划,为学生选定必修课程,这些课程是跨学科的,包括文学、理学、工学的多个领域,通过跨学科的学习,锻炼学生的综合分析能力,培养学生的创新思维;其次,高校要构建完善的跨学科培养体系,提供多种专业、多类课程以及多个教师供学生选择,这样学生就能根据自己的职业规划和兴趣爱好制定培养目标,进行自主学习;最后,高校应完善相关课程,将交叉学科作为高校发展的新的增长点,组织多学科的力量开展教学,形成跨学科的教学模式,让学生跨专业、跨班级,促进学生全面发展。

## (二)完善教育管理信息系统

随着社会的发展,人们对高校教育管理的工作效率和服务质量提出了更高的要求,如详细了解高校的办学理念、及时收到高校的信息回复等。相关调查显示,完善的教育管理系统有助于实现各管理部门教育管理数据共享,进而推动高校教育管理信息化发展,提高教育管理的工作效率。高校教育管理信息系统的构建是一项复杂的工程,主要体现在以下三个方面。

第一,教育管理信息系统有赖于完善的教育信息化基础设施建设,这就要求高校高度重视教育管理系统的建设工作,加大对信息化基础设施的投入,购买先进的电脑设备,优化教育资源配置,拓宽信息化建设的资金来源,吸纳社会资本参与信息化建设。

第二,完善的教育管理信息系统离不开软件设施的支撑,高校要从战略规划的角度出发,征集专家、学者和校内师生的意见,明确教育管理信息系统的功能需求,开发多元化的信息管理软件,实现各部门教育管理数据信息的流通与共享。信息化管理系统并不是一成不变、完美无缺的,随着高校管理理念的更新,信息化管理系统也要进行相应的调整。同时,信息技术的更新换代速度不断加快,软件系统的生命周期不断缩短,信息技术部门和教育管理部门要定期了解信息化管理系统的运行状况,通过问卷调查、访谈等形式来了解信息化管理系统在功能发挥方面的问题,及时调整和改进解决方案,确保高校信息化管理工作的有效开展。

第三,高校要优化教育管理软件系统,建立数据中心,将学校现有的业务系统应用模块集成到平台上统一分配权限,实现信息资源的整合,根据自身实际需求,创建不同的信息化组织结构模块,规范工作流程,促进教育管理工作规范化、制度化。

### (三)强化对大数据平台的构建

构建全要素流通平台,打破各部门的信息孤岛,充分整合外部互联网数据和用户自身的业务数据,对多维数据进行关联分析,为高校重大事项的决策提供信息支持。优化学校现有的管理组织结构,调整管理体制,强化对大数据平台的建设,完善数据库资源的共享和开放利用机制,更好地发挥大数据的作用。开展高校学生管理工作时,要做好信息的收集工作,确保信息的准确性。加大数据平台的发展力度,确保高校管理系统与实际业务需求相适应。

### (四)推进大数据在高校教学质量评价体系中的运用

#### 1.大数据对高校教学质量评价体系的意义

教学质量评价是指根据教学任务,预先制定教学目标和教学质量标准,为了确保教学过程各阶段和最终结果都能达到预定目标,对教学过程进行考察、评价的活动。教学质量评价不仅调查教学过程是否达到预定的目标,同时还分析影响教学目标实现的因素,针对影响教育目标实现的不利因素及时地进行反馈和调控。教学质量评价体系的优劣直接影响着高校教学质量的高低。符合高校实际、科学合理的教学质量评价体系是高校教学质量得以有效提高的保障。

大数据时代的到来,给高校教学质量评价体系提供了新的思路,建立基于大数据的高校教学质量评价体系,对推进高校教学改革具有重要意义。

#### 2.基于大数据的高校教学质量评价体系的特征

第一,评价全过程化。大数据技术使得收集教学全过程中的所有数据成为可能,并经过大数据统计、分析,实现全过程评价。第二,评价标准量化。大数据技术所具有的数据监测、分析能力使得曾经难以界定的、比较模糊的因素有了实现量化的可能,使评价指标更加全面,评价结果更加客观。

3.基于大数据的高校教学质量评价体系的实现路径

(1)教学大数据的全过程采集

高校教学质量评价体系离不开丰富教学数据的采集,因此,要将采集日常教学数据作为高校教育管理中的重要环节。通过互联网、智能终端等高科技设备,可以对所有与教学相关的数据实现连续的、伴随式的收集,如学生的课堂表现、阶段测试、在线互动、资料检索、自我评价、同学互评等,教师的科研项目、教学成果、著述论文、同行互评、学生评价等数据,都对教学质量评价有极高的价值。

(2)教学大数据的科学化管理

对教学大数据的科学化管理是基于大数据的高校教学质量评价体系实现的技术支撑,数据是否准确、有效是实现数据科学化管理的前提和基础。要确保采集到的数据有效,需要做好两方面工作:一方面,高校的各相关部门要共同参与、互相配合,形成制度化的数据收集、共享机制;另一方面,要对采集到的数据进行核查、筛选,挖掘出对高校教学质量评价有价值的信息,对这些信息进行整合和分级存储,以确保大数据在评价过程中发挥最大的作用。

## 三、教育管理与大数据紧密结合

(一)完善教育管理制度

教育管理系统是根据国家教育法律法规等,由上级领导部门决策并制定相关条例与规则而形成的。作为教育中的重要手段,其能够有效维护正常的教学秩序。

高校的管理制度主要包括四点:其一为教育材料的管理,比如,教学计划、课程安排与总结等;其二为学校学业进程,比如,考试时间安排、教学进度、资料档案管理等;其三为教师以及教育管理人员的责任与奖惩制度;其四为学生管理系统,比如,学生的代码、测试的代码等。

若要提高教学的质量,不但要建立起良好的教育管理制度,还应当根据各学校的实际情况建立起合适的新制度。第一,应当定期对教学工作进行开会讨论,确立详细的会议制度,促使教学管理能够实现制度化;第二,对领导行为进行制度化与规范化的要求;第三,合理安排考试,对考试程序的管理加以重视,并使其能够实现制度化;第四,建立起完善的毕业生就业质量评价体系;第五,寻找专门的人员进行合理的监督;第六,对教学工程体系进行研究,并试图革新;第七,建立起标准的职业教育评价体系;第八,及时送达教学成果情况,比如,四六级和全国计算机考试的合格情况,职称结构和教师资格等。

## (二)校园网推动教育管理发展

环境是基础,教育管理的基础就是校园网的平台建设。一是注重校园网的作用。考虑整体发展,合理进行规划,要弄清楚网络的深层意义和扩展应用,思考网络建设的标准化等。二是统筹设计。充分考虑并实行网络的开拓、软件开发和校园网建设的应用,在施工中必须非常理性,做好网络接口,分阶段使用有限的资金,使效益最大化。三是软硬件相结合共同建设。由于设计软件耗时长,因此在进行网络改造时耗费的时间会更多。教育管理的信息系统是由多方面组成的,但系统可以自主设计,也可以买到现有的加以使用。要尤为关注的是软件的适用性。四是专门应用。三分技术,七分管理,如此才能达到较好的效果。学校应该安排认真负责、技术过硬的教师担任校园网络管理员,有效助推网络的多方面应用。五是加强深造培训。校园网影响全部师生和教育管理人员,学校应重视对教师实施优化管理以及专业化的教育培训,合理制定有效规划,使师生和管理人员能够充分应用校园网满足各自差异化的需求,产生对校园网的认同感,而不是抵触心理。六是加强使用。校园网应用的最终目的是创造效益。只有加强对校园网的应用,加大对校园网的完善力度,才能够真正发挥其价值。

(三)教学要有足够的投入

若是没有足够的基础资源作为支撑就很难确保教学价值的充分发挥。学校经费是教学得以顺利进行的基础,若是投资不足就会直接影响教学的开展。通常情况下,高校对于人才的培养不仅要求硬件资源上的投入,还要求软实力的支持,只有二者共同发展进步,才能够真正实现高效率的管理。现阶段,我们有很多途径进行教学的改进。其一,不能仅仅依靠政府投入,还可以建立各种投资系统,基于不同的主体出发,寻找解决办法;其二,对经费的投入进行合理的规划,坚持以教学为重点,尽量减少费用的不合理分配;其三,为教师提供丰厚待遇,使得教师不再有后顾之忧,由此就能专心进行教学工作;其四,加强对学生的管理,有效激发学生在学习上的动力。

## 第二节 基于新媒体环境的高校教育管理创新

在信息技术快速发展的背景下,新媒体的应用也变得越来越广泛,对社会的各个方面产生了极大的影响。对于当代高校大学生来说,新媒体能够很大程度地满足大学生的各方面需求。在此背景下,大学生与新媒体之间产生了紧密的互动,这样来看,新媒体的发展将会成为社会进一步发展的催化剂。在新媒体背景下,新媒体对高校大学生教育管理工作产生了极大的影响。因此,只有创新新媒体环境下高校教育管理工作的路径,才能促进教育工作的顺利实施。

## 一、新媒体概述

直到今天,新媒体依旧没有形成一个准确且统一的概念。曾经,新媒体一度被认为是网络媒体,但是在对新媒体进行拓展与延伸之后,我们认为新媒体是一种不断发展与变化的媒体形态。伴随着时代的发展,社会的进步,新媒体的内涵与形式也在不断地发生着变化。值得注意的是,尽管新媒体的概念一直在变化,是动态性的,但是不管怎样变化,它都是从传统媒体的基础上不断发展起来的。如今的社会在不断地进步,而新媒体是建立在互联网技术与计算机技术之上的,所以为大学生提供了能够进行信息交流的平台,是直接展现大学生生活的一种新的形态。当今的新媒体在优势特征上十分明显,它不但成功融入我们的生活,而且还对当代高校大学生的生活与学习产生了深远的影响。新媒体主要存在以下三个特点:

### (一)实效性

新媒体打破了空间和时间的限制,只需要通过移动终端和互联网,就能够实现信息的快速传播,有效且实时地传递信息,缩短了信息传播的时间,也保证了信息的时效性。

### (二)互动性

新媒体能够让大学生不必受到空间和时间的限制,进行无障碍的沟通,全面体现出了新媒体的互动性。大学生可以通过全新的新媒体形式全面阐述自己的观点和意见,通过网络交流和沟通,呈现出多种多样的互动方式,这样的互动方式既方便又简洁。

### (三)多元性

在传统媒体下,信息传递主要呈现为单方向的传播,而新媒体则让大学生成了信息的主动接受者。在大数据不断发展的过程中,新媒体所包含的内容将会呈现出多元性特征,信息的来源、发布、表现等形式也会变得越来越丰富。如今,新媒体下信息的表现形式不再是单纯的纸质版本,而是可以由图片、视频、音频等结合起来的信息。

## 二、新媒体对高校教育管理工作的影响

新媒体作为新的工具,不但能够准确搜索到有效的信息,还能够利用终端设备进行信息交流。所以,在高校教学过程中,教育管理者可以利用新媒体有效提高教育管理工作的效率。新媒体的出现对高校教育管理工作产生了积极的影响,通常情况下会表现为以下三个方面:

第一,丰富教育管理手段。在新媒体全面融入高校教育管理领域的时候,会直接对高校教师的教学方式与方法产生影响,新媒体能够承载更大的信息量,且信息传递更为方便快捷,所以,在高校教育管理工作中,新媒体的存在全面丰富了管理手段,使得开展的教育管理工作能够进一步增强对大学生教育管理的效果。第二,积极拓展教育管理渠道。新媒体技术不但能够进行信息的传递,还能够作为辅助思想

的工具存在。伴随着以人为本教育理念的深入,教育管理工作者应当积极拓宽教育管理渠道,使之更能够满足现代大学生的教育需求。第三,提高教育管理效率。高校教育管理工作者应当加深自己对于大学生思想的了解,并在针对性教育的基础之上,充分体现出管理的时效性,在之后的发展过程当中,新媒体能够使教育工作更凸显目的性与针对性,也能够有效提升工作效率。

## 三、新媒体背景下高校教育管理工作的创新路径

### (一)改革教育管理观念

基于新媒体背景所开展的高校教育管理工作,对大学生的素质有着较高的要求。在当前的高校教育过程当中,应当重点培养学生的创新精神与实践能力,还需要时刻注意学生的心理素质发展。而且,为了贯彻落实以上列举的育人手段,高校教育工作者应当明白新媒体背景下的改革并不容易,需要长时间的艰苦努力才能够实现,需要对教育管理的观念进行全面的改革。一般而言,表现为以下三个步骤:

其一,重视现实需求的战略思考。现阶段,我国的很多高校都已经开始正式实施教育管理的新媒体改革,应当时刻注意现实的需求,并充分挖掘潜在的新媒体资源,组建合理的新媒体团队,从而对现有的新媒体资源进行全面的利用与改革,之后根据实际需要,对新媒体的各项功能进行合理的应用。

其二,紧抓质量提高的建设目标。在高校教育管理观念改革的过程当中应当重视教育管理的质量与效率的提升,需要对新媒体技术进行充分的利用,所以,新媒体教育改革能够获得成功的关键就是保障教育质量与教育效率。为了有效促进新媒体教育管理改革的可持续

发展,应当更关注质量和效率等因素。

其三,探究满足需求的观念改革。在进行观念改革的过程当中,不应当以固有观念限制学生,而应当对学生进行充分且积极的引导,重点考虑学生的内在需求,对其采用人性化的教育管理,重点关注大学生的学习需求与生活需求,从观念改革入手,确保学生的个性化需求能够得到解决与满足,落实新媒体背景下高校教育管理工作。

## (二)拓展教育管理平台

在新媒体背景下,全面拓展高校教育管理平台是落实教育管理工作的有效途径,也是提高高校教育管理水平的重要举措,可以从以下两个方面落实开展:

其一,拓展学生活动平台。在新媒体背景下,全面拓展高校大学生教育管理平台,主要方向是开辟出大学生活动平台,通过在平台上组织各种课外活动,更有利于学生养成独立的人格,更有利于其提升自身综合素养,更有利于高校教育管理工作的有效开展。新媒体环境为教育管理工作者提供良好的教育环境,更方便开展教育工作,同时利用新媒体开拓出来的高校大学生活动平台,更有利于建立高校交流平台,在此平台上,教师和学生可以畅所欲言,进行充分的沟通和交流,利用新媒体技术让高校大学生教育管理工作更顺利地开展,与此同时,让高校大学生明白新媒体时代教育工作的特殊之处,在不断的实践过程中培养学生的综合素养。

其二,创建服务育人平台。大部分高校大学生都是刚刚成年,尚处于发展的重要阶段,若是出现较为严重的心理问题会直接导致学生意志消沉,严重的还会使其产生厌学的心理。在新媒体背景下,通过在高校教育管理工作当中建立网络模式、服务育人平台,能够有效帮助大学生解决自身的心理问题,并积极引导其能够正确看待遇到的问题,促进学生的心理健康成长。基于新媒体时代的背景,在高校教育管理工作的推动下,教育的凝聚力得以通过网络的形式表现出来,"美育"作为一个全新的教育理念出现。我们能够通过进一步加强美育教育从而完善高校网络教育模式,之后可以通过对美育实践加以丰富,从而使学生感知美、发现美,最终创造美,以确保能够培养出新媒体时代背景下的高素养人才。

(三)创新教育管理方法

大学生是一个群体,有着共同的目标与任务。在新媒体背景下,创新高校教育管理工作的方法,能够促进学生管理工作的顺利进行。同时,创新教育管理方法,更能够规范学生的行为、提高学生的思想,从而对高校大学生起到良好的引导作用。在新媒体背景下,创新高校教育管理的方法可以从以下三个方面落实:

其一,拓展民主管理渠道。在新媒体时代背景下,信息得到了快速传播,由此使高校教育管理方法也开始了改革,最终目的是实现对高校大学生的民主管理。若要在教育管理当中充分发挥出网络本身的特点与功能,就需要在新媒体背景下建立起网络式的民主管理模式,最终实现高校教育管理工作的广度与深度的全面拓展。

其二,提高民主管理水平。在进行高校教育管理方法的改革过程中,应当着重突出和尊重学生的主体性,新媒体环境能够在一定程度上呈现出强化民主管理的趋势,所以,高校的教育管理工作者应当及时更新自身观念,积极掌握创新方法,并以此全面落实高校的教育管理工作,以便实现学生素质的全面发展。

其三,深入民主管理。高校大学生的民主管理主要是指其为了实现高校教育所确定的目标,并满足社会或自身对于个人素质发展的要求,而从根本上调动自身的主观能动性所开展的管理活动。伴随着新媒体时代的发展,信息化的资源在不断拓展,而高校的大学生所拥有的自主意识也在不断地增强,所以,民主管理逐渐发展成了新媒体环境下高校教育管理工作的创新方式。

(四)更新教育管理内容

在新媒体背景下,我国高校大学生的教育管理内容在新媒体技术的不断发展过程中逐渐拓宽了自身的广度与深度,使得高校教育管理工作逐渐拥有了更为全面的意义。值得注意的是,在新媒体背景下进行教育管理工作内容的更新主要是将大学生的发展需求与教育管理进行有机结合,并创设出有针对性的教育管理工作内容体系,其中主要包含两个方面:其一,强化"三观"教育内容。高校大学生尚处于"三观"形成与发展的重要阶段,所以,这一时期的高校教育管理工作的要求十分严格,教育工作者也应当清楚在新媒体的复杂环境下应当怎样将教育管理工作落实。教育管理工作者应当加强自身对于新媒体技术与背景的认识,需要重点加强在新媒体环境当中的精神文明建设,并积极引导大学生加深对新媒体背景的认知,还要树立起正确的世界观、人生观、价值观,防止学生沉迷于虚拟的网络环境当中影响自身的发展。基于以上理念指导,才能够更加全面地对教育管理工作的内容进行更新,从而使大学生能够接受正确的教育管理。其二,推动家校教育管理。在新媒体时代背景下,通过新媒体技术有效拉近学校与家长之间的关系,促进双方能够进行有效的沟通,由此就能够方便双方就学生的信息互通有无、加深了解,从而采取更加切实有效的教育措施。简单来说,就是在新媒体时代背景下,教育管理工作在沟通内容上进行了更新,从而能够对学生的心理变化、思想变化、生活变化等各方面开展针对性的管理工作。

### (五)重构教育管理评价体系

伴随着新媒体时代的到来,高校教育管理工作始终坚持着创新发展,并且伴随着高校教育观念、平台、方法、内容等方面的创新,逐渐建立起了高校大学生教育管理评价体系。在新媒体背景下,高校的教育管理工作者应当积极探索、使用新媒体技术,并对学生进行个性化的教育,对高校大学生教育管理工作的开展加以规范。通过对新媒体背景下的高校教育管理评价进行研究,其中包含了很多方面,评价内容也逐渐向着多元化、社会化的方向发展。现如今,新媒体背景下的高校教育管理评价体系已经发展成了一个真正的管理信息系统,由此建立的高校管理服务也应当确保满足学生的需求。一般而言,高校大学生教育管理评价体系的重构可以从这几个方面入手:其一,对评价主体的多元性加以强调。对于评价主体,应当重点提高学生的评价比例,还可以在其中融入社会评价、高校评价、家长评价等主体要素,以便能够重点突出在新媒体时代下高校教育管理评价体系多元性的特点。通常情况下,为迎合新媒体环境,可以对教育管理加以丰富,并全面引入多元性的评价主体机制。其二,展现评价内容的时代性。基于高校教育管理价值理念对教育管理评价内容进行研究,其中评价的相关内容不但应当重点体现新媒体时代的特点,还要能够表现网络环境当中高校教育管理的重要性,并且,在开展教育管理工作的同时,我们还需要基于评价内容对教育管理进行全面考评。其三,实现评价结果的开放性。我们应当在高校教育管理评价的结果之上突出表现评价结果的开放性,之后伴随着评价主体多元性的落实,评价内容也在不断地发生着变化,并逐渐丰富起来,通过对评价结果进行全面的监控,能够充分体现新媒体的特点。

（六）提高教育管理人员能力

为了全面落实高校教育管理工作,需要从根本上提高教育管理人员的自身素养,还需要从教育管理人员所掌握的教育方法入手,让其精通新媒体技术。同时,将新媒体技术全面贯穿到高校教育管理工作中,因此,高校更要注重对教育管理人员的培训工作,通过多种途径的培养,帮助其提升专业能力和素质,让其为教育管理工作贡献力量。其一,提升业务能力。在培训过程中,高校要帮助教育管理人员树立对新媒体和教育的新认知,在培训过程中要转变教育管理人员的固有思维,要让其利用自身的优势广泛地接触新媒体理念和思想,进而将新媒体技术与教育管理工作进行融合。在实际培训过程中,培训方案可以分为理论基础培训和实践技能培训两个部分。根据教育管理人员的培训过程,同样还需要建立科学规范的原则。因此,高校教育管理部门更要统筹全局,科学地开展教育管理工作,全面帮助其自身提升业务能力,以便更好地开展教育管理工作。其二,培养语言能力。除了在理论和技术上的学习培养外,在新媒体时代下,教育管理人员的语言能力也需要全面进行改进。其三,培养媒体操作能力。在新媒体时代下,教育管理人员需要时刻活跃在网络的前线,根据新媒体的特点,更要加强利用其特点,发挥高校教育管理工作的优势,这也符合现代教育管理的根本意义。

# 第三节 高校智慧教育生态体系构建

新一代信息技术在教育领域的广泛应用,带来了教育模式的改革和教育技术的创新,有效促进了人才培养质量的提升。随着信息技术的不断发展,智慧教育将成为未来教育变革的主要方向。高校作为培养高层次创新人才的主要阵地,越来越多地将智慧教育的相关理念、技术和方法融入人才培养过程,但受认识、设计、能力等因素的制约,智慧教育实践尚无法实现深层次的智能化应用,影响了智慧教育目标的实现。因此,高校迫切需要结合高等教育的本质,利用物联网、大数据、人工智能等前沿信息技术构建智慧教育生态体系。

## 一、高校智慧教育的内涵及特征

### (一)高校智慧教育的内涵

构建高校智慧教育生态体系的前提是准确理解智慧教育的内涵。目前,国内外关于智慧教育的内涵尚未形成统一认知,主要有目的论、手段论和融合论3种观点[①]。目的论观点是以怀特海、斯滕伯格、钱学森等为代表的学者提出的,他们从教育的目的出发,强调为获得智慧而开展教育,培养有智慧的人;手段论观点是随着信息技术在教育领域的快速发展而产生的,强调利用智能信息技术实现教育方式的改革;融合论观点强调通过现代信息技术与教育的深度融合,促进学习者智慧的生成与发展。

---

① 邵晓枫,刘文怡.智慧教育的本质:通过转识成智培育智慧主体[J].中国电化教育,2020(10):7—14.

综上所述,高校智慧教育既要突出教育的目的,也要强调教育的手段。从高等教育的本质来看,培养能够担当中华民族复兴大任的"四有新人"是国家对高校人才培养的基本要求。高校通过"五育并举"的素质教育,促进学生个性化成长和适应性发展,培养中国特色社会主义事业的合格建设者和可靠接班人。从教育的技术手段来看,高校利用物联网、云计算、人工智能等技术,以学生为中心,构建和谐、可持续发展的智慧教育生态体系,全方位地服务于人才培养活动。

### (二)高校智慧教育的特征

#### 1.泛在化

泛在化是高校智慧教育最基本的特点,它主要是指全校师生可以利用泛在化的无线网络,随时随地开展教学活动。学生可以运用智能终端设备,在任何时间、任何地点,使用任何可获得的科技工具进行学习活动。这不仅可以打破学习的时间限制,让学生科学合理地利用碎片化时间丰富和巩固学习内容,还可以打破学习的空间限制,让学生获取本区域外的数字化教育资源。这一方面有助于满足学生多样化、个性化的学习需要,另一方面有助于促进教育公平,缩小数字鸿沟。

#### 2.情境化

情境化是指从学生的学习需求和知识特点出发,利用智能技术对教学模式、教学方法、学习过程等进行合理组合,创造智慧的学习情境[1]。一方面,基于环境感知、情感计算和机器学习等技术,实时地获取和感知学生的学习环境、学习行为等数据,调整教学环境和教学内

---

[1] 周伟,杜静,汪燕,等.面向智慧教育的学习环境计算框架[J].现代远程教育研究,2022(5):91—100.

容,提高教学的针对性和有效性;另一方面,利用智能技术创设虚拟与现实融合、远程与现场融合以及正式与非正式教育有机融合的学习空间,为学生打造场景式、体验式和沉浸式的学习环境。

3. 智能化

智能化是指借助智能技术全程跟踪学生的学习内容和学习状态,精细化区分学生的个性、偏好、风格、特长等,为学生精准推荐个性化的教学策略以及最适合的学习资源和学习伙伴,并根据学习评测结果进行适时调整,提高学生的学习效果,最终实现人才的个性化培养。

4. 和谐化

高等教育的使命是培养学生的智慧,促进学生德智体美劳全面发展,达到真善美和谐统一的状态,这也是高校智慧教育的根本旨趣和价值取向。因此,高校的智慧教育应突出"五育并举":一是加强道德教育,培养学生养成良好的道德品质、健全的人格和应有的公民素质;二是强化知识教育,促进学生智力的开发、知识的增长、专业技能的获得和逻辑思维能力的发展;三是开展体质教育,提升学生的体质和意志力;四是丰富审美教育,激发学生的灵感、顿悟,发展学生与自身、社会及自然和谐相处的能力;五是增强劳动教育,培养学生树立正确的劳动观念,提升劳动技能[①]。

## 二、高校智慧教育生态体系构建

为顺应智慧教育跨界融合和主动智能的发展需要,高校需要加强

---

① 邵琪.智慧教育史论[D].杭州:浙江大学,2019.

顶层设计,构建集教育环境、学习环境、管理服务、基础建设等于一体的互联互通的智慧教育生态系统。①

## (一)智慧教育生态体系的顶层设计与价值定位

### 1. 多维目标体系建构

智慧教育生态体系以培养具有数字素养、创新思维与终身学习能力的复合型人才为核心目标。在数字化时代,教育不仅要传授知识,更要培养学生适应未来社会的能力。为此,高校需通过人工智能技术赋能"三体协同"机制,实现学习者、教育者和参与者之间的动态平衡,推动教育从"规模化生产"向"精准化培育"转型。

(1)建立学习者数字画像系统

通过大数据和机器学习技术,为每个学生建立数字画像,精准建模其认知特征和学习轨迹。这种画像系统能够实时分析学生的学习行为,提供个性化的学习建议,帮助学生更好地规划学习路径。

(2)构建教师发展智能评估矩阵

运用自然语言处理技术分析教师的教学行为数据,构建智能评估矩阵。该矩阵能够为教师提供精准的教学反馈,帮助他们提升教学效果和专业能力。

(3)搭建教育参与者交互平台

运用知识图谱技术优化资源配置,搭建教育参与者交互平台。该平台能够促进学生、教师和教育管理者之间的信息共享与协同,提升教育管理的透明度和效率。

---

① 高朝邦,王妤,李霞,等.智慧教育生态体系框架构建与实践路径[J].现代教育管理,2022(7):17-26.

## 第五章 数智化背景下高校教育管理的创新路向

这种"三体协同"机制不仅提升了教育资源的利用效率,还通过精准化培育,推动教育模式的根本性变革。

2. 四层架构的逻辑关系

智慧教育生态体系的构建需要从目标层、运用层、支持层和基础层四个维度进行系统设计。这四层架构相互关联,共同推动智慧教育的实现。

(1)目标层:确立 AI 驱动的个性化人才培养标准体系

目标层是智慧教育生态体系的核心,明确了教育的方向和重点。高校需制定包含数字胜任力、算法伦理意识、跨学科创新能力的智慧型人才核心素养框架。通过教育神经科学实验验证指标体系的科学性,建立基于机器学习的动态评价模型,为学生提供个性化的学习路径。

(2)运用层:构建"AI+教育"应用场景矩阵

运用层是智慧教育生态体系的主体部分,通过具体的应用场景实现目标层的要求。高校需搭建个性化学习路径生成系统(PLGS),运用强化学习算法优化课程匹配策略;创建智能学境感知平台,集成物联网设备与情感计算技术,实现教学环境的自适应调节。这些应用场景不仅提升了学习效率,还增强了学生的自主学习能力和创新意识。

(3)支持层:建立智能治理服务体系

支持层为智慧教育的实施提供了必要的技术和服务保障。高校需开发教师 AI 赋能工具包,包含智能备课系统(集成 IBMS)、课堂智能分析仪(基于 OpenCV 的行为识别)及教研知识图谱。同时,构建教育数据中台,运用联邦学习技术实现跨校数据协同,提升教育资源的共享和利用效率。

(4)基础层:打造算力基础设施

基础层是智慧教育生态体系的支撑部分,为其他层次的功能实现提供了硬件和网络保障。高校需部署混合云架构教育专网,建设边缘计算节点支持实时数据处理;构建 AI 算力资源池,采用容器化技术实现算法服务的弹性伸缩。这些基础设施不仅提升了教育的智能化水平,还为教育创新提供了强大的技术支持。

(二)人工智能驱动下的关键实施路径

1. 智能化教学环境重构工程

智能化教学环境的构建是智慧教育生态体系的重要组成部分。通过技术赋能,高校能够为学生和教师提供更加高效、互动和个性化的教学体验。

(1)智慧教室4.0建设

开发多模态交互教学终端,集成眼动追踪仪与语音识别模块,提升教学的互动性和个性化体验。部署数字孪生管理系统,运用三维建模技术构建虚拟教研空间,实现物理空间与数字空间的无缝映射。这种智慧教室不仅提升了教学效率,还为教师提供了更加灵活的教学工具。

(2)教育新基建布局

建设5G智慧校园网络,部署 MEC 边缘服务器实现低延迟视频传输;搭建教育区块链平台,运用智能合约技术保障学习成果的可信存证。这些新基建项目不仅提升了校园的智能化水平,还为教育创新提供了强大的网络支持。

## 2. 个性化服务支撑体系构建

个性化服务是智慧教育生态体系的重要特征。通过 AI 技术,高校能够为学生和教师提供更加精准、个性化的服务。

(1)教师发展智能支持系统

开发教师能力成长引擎(TGES),基于 Transformer 模型分析教学视频中的课堂互动模式;建立学科知识图谱,运用迁移学习技术实现跨校优质课例共享。这些工具不仅提升了教师的教学能力,还为教师的专业发展提供了有力支持。

(2)学生发展智能导航平台

构建终身学习护照系统,集成微证书区块链存证功能;开发自适应学习伴侣(ALS),运用深度强化学习推荐个性化学习路径,通过知识蒸馏技术优化推荐结果。这些平台不仅提高了学生的学习效率,还为学生的终身学习提供了有力保障。

## 3. 智慧教育生态协同机制

智慧教育生态协同机制的构建需要多方协同,包括高校、企业、科研机构和社会组织。通过协同创新,各方能够共同推动智慧教育的发展。

(1)校企研用协同创新体

联合头部企业共建 AI 教育联合实验室,开展联邦学习框架下的教育数据隐私保护研究;建立教育 AI 产品认证体系,制定算法伦理审查规范。这种协同创新不仅提升了教育的智能化水平,还为教育创新提供了强大的技术支持。

(2)区域智慧教育云联盟

构建基于区块链的分布式教育资源交换网络,运用智能合约实现资源使用的自动化结算；建立跨区域教育质量监测平台，运用多模态数据融合技术评估教育公平指数。这些平台不仅提升了教育资源的共享和利用效率，还为教育公平提供了有力保障。

（三）实践挑战与优化策略

智慧教育生态体系的构建面临诸多挑战，包括技术集成复杂度高、数据治理机制缺失、教师技术赋能不足等现实困境。为此，建议采取以下优化策略：

1.建立教育AI伦理审查委员会

制定可解释AI(XAI)应用标准，以此确保AI技术在教育中的应用符合伦理和法律要求。通过伦理审查，高校能够更好地保护学生和教师的权益，推动教育的健康发展。

2.构建"人工智能+教育"复合型人才培养体系

开发教师数字素养认证课程，提升教师的信息化教学能力。通过复合型人才培养体系，高校能够为智慧教育的发展提供强大的人才支持。

3.完善教育数据确权与交易机制

探索数据要素市场化配置路径，完善教育数据确权与交易机制。通过数据治理，高校能够更好地保护数据安全，提升教育资源的利用效率。

智慧教育生态体系的构建是教育现代化的重要突破口。通过人工智能技术与教育场景的深度融合，高校能够推动教育要素的智能化重构与服务模式的根本性变革，为实现"有教无类、因材施教"的教育理想提供技术支撑与实践范式。未来研究应重点关注生成式 AI 在个性化学习中的应用边界、教育数据资产化路径以及人机协同教学的伦理规范等问题。

# 参考文献

[1]卞瑞姣,颜永杰,王志刚.大学生教育管理的创新与实践研究[M].北京:经济日报出版社,2025.

[2]蔡万巧.互联网+视域下的高校教育管理与研究[M].北京:文化发展出版社,2024.

[3]陈博,刘湘,张斌.高校教育管理的方法研究[M].长春:吉林出版集团股份有限公司,2022.

[4]陈捷.海上丝绸之路精神融入高校教育管理的研究与实践——基于对大学生的招生培养视角[M].广州:中山大学出版社,2024.

[5]陈民.高校教育管理与大数据融合创新研究[M].北京:中国纺织出版社,2023.

[6]陈玮,张馨月,张浩.高校学生管理工作创新研究[M].北京:中国商务出版社,2024.

[7]陈燕.高校教育管理创新与实践研究[M].北京:文化发展出版社,2024.

[8]陈晔.新时期高校教育管理实践研究[M].北京:现代出版社,2020.

[9]陈云彪.基于大数据时代的高校教育管理模式创新与实践探索[M].北京:九州出版社,2023.

[10]崔金辉.高校教育管理创新与发展研究[M].天津:天津科学技术

出版社,2023.

[11]戴月舟.新时代高校教育管理与创新研究[M].汕头:汕头大学出版社,2022.

[12]窦毅.互联网+时代高校教育管理研究[M].北京:中国戏剧出版社,2024.

[13]郝福锦.大数据技术在高校教育管理中的应用研究[M].北京:中国原子能出版社,2022.

[14]洪剑锋,屈先蓉,杨芳.互联网时代下高校教育管理与评价创新[M].延吉:延边大学出版社,2022.

[15]贾祥瑞,宋青楠.高校教育教学管理实践与创新发展[M].沈阳:辽宁科学技术出版社,2024.

[16]蒋尊国,蒋丽凤.高校教育管理探究[M].长春:吉林出版集团股份有限公司,2023.

[17]李君.高校教育管理及人才素质教育培养研究[M].长春:吉林人民出版社,2024.

[18]李俊才.高校管理与教师教育教学实践研究[M].哈尔滨:北方文艺出版社,2024.

[19]李仁涵.智能时代高等教育模式研究[M].上海:上海大学出版社,2019:19-21.

[20]李晓雯.高校教育管理的理论探索与探究[M].长春:吉林人民出版社,2021.

[21]刘清.新时期高校学生教育管理的思考与探索[M].北京:中国原子能出版社,2024.

[22]刘鑫军,孙亚东.互联网时代高校教育管理模式改革与实践研究

[M].长春:吉林人民出版社,2021.

[23]刘洋.当代高校教育管理模式创新探索[M].北京:中国戏剧出版社,2023.

[24]卢保娣.大数据时代高校教育管理及其信息化建设[M].长春:吉林大学出版社,2021.

[25]卢兴光.新时代高校教育管理体制与教学改革研究[M].长春:吉林出版集团股份有限公司,2023.

[26]吕村,谭笑风.高校教育管理与教学研究[M].长春:吉林文史出版社,2020.

[27]潘晓.大数据时代的高校教育管理工作研究[M].北京:中国商务出版社,2023.

[28]郄昆才,任洪艳,李婷.现代高校教育管理模式的创新研究[M].长春:吉林出版集团股份有限公司,2023.

[29]沈保华.大数据视域下高校教育管理与大学生信息素养培养[M].北京:中国纺织出版社,2023.

[30]宋翠平.新时代高校教育管理与实践研究[M].哈尔滨:北方文艺出版社,2024.

[31]滕俊婷.大数据背景下高校教育管理信息化发展与创新[M].北京:九州出版社,2024.

[32]汪一丁,梅沁芳,郭春龙.高校教育管理创新实践与艺术教育研究[M].北京:中国原子能出版社,2023.

[33]王洪法.新时期高校教育管理理论与实践研究[M].北京:中国商务出版社,2023.

[34]魏理智,刘传利,石云.新时代高校教育管理与研究[M].哈尔滨:

哈尔滨工程大学出版社,2024.

[35]夏敏.高校教育管理研究与应用探索[M].长春:吉林人民出版社,2023.

[36]周非,麻爱彦,李江红.教育管理与教学质量提升研究[M].哈尔滨:哈尔滨出版社,2023.

[37]高朝邦,王妤,李霞,等.智慧教育生态体系框架构建与实践路径[J].现代教育管理,2022(7):17—26.

[38]胡蓉.创新教育理念下高校教育管理改革的研究[J].福建开放大学学报,2023(5):71—74.

[39]李璐.区域智慧教育发展现状及对策研究——以运城智慧教育示范区为例[J].电化教育研究,2022(7):56—62.

[40]刘金文.高等教育管理在教育国际化发展下面临的困境及其出路[J].经济研究导刊,2019(23):186—187.

[41]邵晓枫,刘文怡.智慧教育的本质:通过转识成智培育智慧主体[J].中国电化教育,2020(10):7—14.

[42]苏静.高校管理队伍专业化建设研究[J].科技经济导刊,2018(10):119.

[43]许勇战.新时代高校教育教学管理变革创新的必要性及可行性研究[J].江西电力职业技术学院学报,2022(4):67—69.

[44]叶宇.5G时代下高职院校"指数型"智慧教学模式创新构建[J].中国职业技术教育,2022(20):45—51.

[45]袁金丽,郭志涛.深度学习为核心的高校智慧教育实践路径研究[J].河北师范大学学报(教育科学版),2022(4):68—74.

[46]张妮,黄柳萍,郭治豪.智慧教育时代职业教育教师信息化教学能

力发展途径研究[J].职业技术教育,2022(11):28—33.

[47]周伟,杜静,汪燕,等.面向智慧教育的学习环境计算框架[J].现代远程教育研究,2022(5):91—100.

[48]邵琪.智慧教育史论[D].杭州:浙江大学,2019.